黑錢

KICKBACK

從慈善煙幕、空殼公司、採購暗盤、到商場禮數，自由市場是企業行賄的溫床？

Exposing the Global Corporate Bribery Network

大衛・蒙特羅 David Montero ——著
辛亞蓓——譯

僅此紀念　派翠卡・安・蒙特羅

目錄

第一章　利益衝突　Encounters

第二章　回扣系統　The Kickback System

第三章 國際衝擊 Impact

第四章　亡羊補牢　Redress

第一章

利益衝突

Encounters

前言

從史上第一家跨國企業開始的「偉大貪腐」

海珊的黑錢箱

美國
俄羅斯
德國
英國
伊拉克
義大利
孟加拉
南韓
日本

聯合國
川普集團
IBM
西門子
哈里伯頓
雪弗蘭
嬌生
英國東印度公司
海灣石油
洛克希德
埃克森美孚
聯合果品
沿海公司
偉爾集團

1

前言

INTRODUCTION

「企業行賄」並非只是商業、或政治上的專有名詞——而是一場歷史悠久、影響力超乎想像的戰爭。

在水門案[1]期間，為了標誌美國歷史上這骯髒篇章的終結，一位特別檢察官受命調查尼克森總統（Nixon）涉嫌操弄選舉。反之，最後導致尼克森辭職的這一番努力，只單單驗證出了一個開端，那就是美國將在未來幾十年面臨更極端的政治困境。美國國會的這番調查，首次揭發跨國公司經由行賄基金與賄賂，不但祕密資助國內政治組織（如尼克森的連任競選），更在海外收買外國官員。這種企業濫權、以及其對海外影響的新視角，終將會引起制定開創性的《海外反腐敗法》[2]——該法首次在歷史上禁止商業賄賂，力圖改變全球資本主義與政治事務的運作方式。

如今四十多年過去，我們正經歷一種似曾相識的感覺。因為有一位特別檢察官也在調查川普總統是否如傳言般涉嫌濫用職權，且這個關乎國家選舉的動作遭到阻撓，與水門案如出一轍。無論特別檢察官穆勒（Robert Mueller）揭發出何種祕密，都將寫下這個國家受權力掌控的重新估量，是發端而不是結束。且與水門案相同，穆勒的深入調查可能揭發美國政治圈表面之下，政治與企業的貪腐如何藉由賄賂緊密維繫。

尼克森是企業祕密捐款的對象，這些款項由於本應公開而被認為是違法。但儘管這些款項不合法，卻不危及總統選舉本身。穆勒進行的通俄門調查，可能涉及了一個更嚴重的潛在犯罪：龐大商業帝國的首腦川普，是否暗中勾結外國勢力，刻意動搖美國選民，犯下《海外反腐敗法》自水門案以來力圖根除的罪行——提供外國賄款，即回扣。

法律明確規範，公司行賄不需有實際金錢交換行為，向外國政府官員提供任何有價之物，例如承諾，都足以違反其條款。這正是穆勒試圖查明的一點：川普與他的企業、同事或家人（或其中數人協力），是否對俄羅斯官員作出條件交換的承諾——如果操弄選情協助川普，那勝選之後美國將放寬對俄羅斯的制裁。如此一來能讓美國增加對俄羅斯的投資，有利於俄羅斯官員與寡頭政治家、川普的商業組織、川普家族的企業利益，以及川普的高級幕僚前任成員，包括他以前的競選主席曼納福特（Paul Manafort）和名譽掃地的國家安全顧問佛林（Michael Flynn）。倘若川普集團（Trump Organization）或任何與之相關的人士確實曾給出這種承諾，取決他們如何承諾俄羅斯官

1 編注：一九七〇年代發生的美國政治醜聞。當時水門綜合大廈遭到入侵，總統尼克森卻試圖掩蓋真相，直至竊聽陰謀遭到揭發，最終導致憲政危機。

2 編注：《海外反腐敗法》（FCPA）是一部美國聯邦法律，有兩項主要條款：反賄賂條款、會計帳目條款。

員，美國司法部有充分理由以《海外反腐敗法》追究（暫且不提其他法律）。穆勒的調查範圍是違反《海外反腐敗法》的行為，即調查「該調查中可能直接導致、或將會導致的任何問題」。正如人民眼前所見，穆勒找了兩位在詐欺、洗錢和海外賄賂方面有豐富調查經驗的前聯邦執法官員——《海外反腐敗法》的美國司法部詐欺組的前負責人魏斯曼（Andrew Weissmann），以及曾協助監督刑事科《海外反腐敗法》政策的安德烈斯（Greg Andres）。

在華盛頓上演的這齣鬧劇，突顯出一個事實：「海外企業賄賂」這個術語可能容易使人誤解。當我們想到這個詞，就已經將它當成無良企業在遙遠國家所做的事，所以認定它的影響一定會在海外。而如果一家公司付回扣給海外那些貪腐的官員，我們為何需要關注？但在這個高度相連的世界，在全球市場、全球金融體系以及不斷流動的人、貨物與資本之下，貪腐很少「躊躇不前」。賄賂無論發生在美國領土或世界範圍，終究會用難以估量的方式傷害美國人民、美國社會、美國人民價值觀與美國的利益。

企業為何訴諸賄賂？顯而易見的原因，就是為了比競爭對手占更大優勢。但非法款項也會買回一些幻想，以為公司價值、市占率會在短期內膨脹。這種行為從不顧慮會傷害到公司本身：員工士氣低迷、獲利率下降，並可能遭判數億美元的罰款或刑責——更何況隨貪汙與詐騙而來的壞名聲。這些企業竊取公帑也不遺餘力，因為大多數賄賂案件涉及公有資金（集約化發展、基礎設施專案），如道路、水壩、國防系統、或礦物與石油的開採。企業用賄賂贏得這類合約，而為了回收成本，與外國官員共謀抬價，有時高達數千萬甚至數億美元。在企業與官員雙贏的同時，留給納稅人的，是沉重負擔。

企業賄賂涉及巨額資金：世界銀行[3]估計每年約有一兆美元，這有可能是最高金額，但有些人認為，應該以每年全球公共採購支出（四兆美元）的百分之十計算。然而賄賂不只是金錢問題，而幾乎與權力密不可分。「實付金額」是暗中勾結系統之中的體現，在大多數現代歷史中，企業不斷與各國的高官合作。「賄賂不只是一種做生

3 編注：世界銀行（World Bank）是聯合國系統國際金融機構，其官方目標為消除貧困，旨在推動外商直接投資和國際貿易，以及協助資本投資。

意的方式，還顯示出一個更深層的故事：收賄的官員其實在出售祖國的自然資源。他們基本上就是在摧毀國家。企業就是共犯。」二〇一六年從聯邦調查局（FBI）《海外反腐敗法》調查小組退休的溫（Michael Won）如此描述。

企業賄賂並非僅是不當行為。IBM、惠普（Hewlett-Packard）、美國鋁業（Alcoa，簡稱美鋁）、哈里伯頓（Halliburton）、雪弗蘭（Chevron）、輝瑞（Pfizer）和嬌生（Johnson & Johnson）等幾家美國最負盛名的企業（僅條列出少數）為了避免遭到起訴，都曾繳納巨額罰款。目前還有更多企業正在接受刑事調查，尤其是沃爾瑪（Walmart）。支付回扣的企業並未遭到剝削或勒索。對歐美的許多企業來說，賄賂是積極的核心策略，也是成熟而具高度組織化的流程，且經常得到首席執行長的批准。自二十一世紀初，世界銀行針對回扣問題，持續對全球十三萬五千家公司的業主進行調查。世界銀行不要求業主直接報告公司的貪汙情形（這可能導致短報），而是詢問「為了政府合約，同行是否會行賄」。根據這些業主對產業的了解，調查發現將近百分之三十的企業都為了生意支付回扣。[4]

企業賄賂的對象往往是國家元首，而不只是低層官員，如稅務員或海關關員——雖然低層賄賂看似猖獗。近期了結的案件，包括歐美企業涉嫌賄賂歷任奈及利亞總統，以及巴拿馬、哥斯大黎加、阿根廷與哈薩克的前總統，以上僅舉數例。在這些案件的詳細記錄中，有數十位政府高層（國會議員、副總統、石油部長與國防部長）也收取回扣。大型跨國企業還付款給希臘、奈及利亞與貝南等國家的政黨，從而有效操縱這些國家的選舉。

「賄賂」這個術語可能也容易使人誤解，我們常認為它的意思單純是金錢交換，把錢交到貪汙的官員手上。數百萬美元的回扣案正是這種套路。但賄賂是精於世故的經營者所犯，他們試圖掩蓋自己的蹤跡，因此交易很少直截了當。那些計畫時常涉及權力貨幣（currency of power），讓賄賂發生在施惠、或者某種恩惠與現金的組合之下。那些布局多半是錯綜複雜的多層事務，會混淆視聽以妨礙執法。（有位英國檢察官曾拿出晦澀難懂的賄賂結構，告訴陪審團：「你們如果有困惑，就是因為這個。」）那些計畫的策動者，經常躲在無害的外表之下，才能有掩護的效果，無論是川普大廈舉辦的俄羅斯兒童收養問題會議，或者是奈及利亞濕地某一份看來無害的船屋租約。

4 該調查行動名為「企業調查：貪汙」（Enterprise Surveys: Corruption）。

由於海外回扣多認為是狹義上的商業問題，公眾也因此認為，回扣在「市場」之外並沒有真正造成損害。同理，美國的檢察官也視海外賄賂為市場違規行為，正如以下的例子。德國工程巨擘西門子公司（Siemens Corporation）造出史上最大的賄賂行動之一，因此遭到美國司法部與德國政府的刑事罰款——該公司在十年之內，於數十個國家支付了超過十億美元的回扣，範圍包括世界上最貧困、政局動盪的地方。西門子最終付了十六億美元罰款以免遭到起訴，這是有史以來最重的罰款[5]。但西門子遭罰的原因，一是未能維持財務記錄正確，二是欺騙競爭對手，而不是行賄可能影響其他國家。事實上，西門子把多數罰款給了美國與德國政府，而實際受到回扣影響的各國政府與公民卻沒得到半毛錢。從那時起，西門子盡可能避免承認行賄可能損害那些國家。同時西門子事件的相關報導超過三千則，使它成為最眾所周知、記錄最完整的企業貪汙案之一。然而英文的報刊，卻沒有任何一篇文章，試圖追蹤西門子的賄款在那些國家的流向與結果。

造成這種誤解的部份原因，是由於賄賂不同於其他犯罪活動，往往發生得相當緩慢。企業與政府間的祕密金流可能耗費數年之久（甚至幾十年），也因此看似影響不大，等到金錢或權力轉手很久之後才會顯現。最終的結果就是一場慢動作災難，只留下一些經濟、政治和社會的損害，而且除非有人調查，否則根本難以察覺。

如果我們意識到這一點，就會開始了解賄賂的普遍性，而且還關乎重大政治事件、新聞報導，以及我們自認為知道的歷史——例如美國本身、水門案或伊拉克戰爭的種種起源。或許在川普總統的任期內，美國人（尤其）可能被迫了解賄賂所衍生的後果。現在我們感受到這種令人不安的侵犯，是世上許多國家的生存氛圍。以下僅舉數例。希臘、奈及利亞、哥斯大黎加與巴拿馬的公民相當憤怒，因為外國企業成功干涉並操縱他們國家的政治制度。在這方面，美國再也無法說自己是例外了。

根據《海外反腐敗法》，美國司法部無法控告收受賄賂的外國官員，因此也無法公開他們的姓名。法庭文件引用這些人時，會使用如「一級高官」的代稱，並詳細標示他們的任期。但透過調查與舉報，就有機會查出不法企業與它們服務的政權。欲了

5 美國司法部在二〇〇八年十二月十五日表示：「西門子公司和三家子公司承認違反《海外反腐敗法》，並同意支付四億五千萬美元的綜合刑事罰款。」

解海外賄賂的嚴重，關鍵就在於揭露企業賄賂的對象，並實地到收賄的國家追蹤金錢流向。本書的主題就是揭發賄賂的今生來世。

我接下來會詳細說明，「黑錢」直接支持了擺明反對民主、自由與平等——即世界上最危險的那群人。而企業透過賄賂，也成為他們鎮壓與暴力活動的一員。

這類損害的程度評估，有助於解釋為何消除企業賄賂的戰鬥如此重要。目前已採行許多重要措施。雖然《海外反腐敗法》成立的頭三十年幾乎從未實行，加劇了企業的回扣文化。但在二十一世紀初，有眾多因素（國際法律加強合作、九一一襲擊事件、沙賓法案[6]通過、伊拉克戰爭）促使美國司法部首次打擊全球企業貪汙行動。儘管這項行動鮮少受關注，但美國投入在反賄賂的努力，僅次於打擊恐怖主義的當務之急。

這一場戰役，光在美國就引發了兩百多件賄賂相關調查，有數千頁法庭文件記錄在案，每一件都包括企業內部電子郵件、備忘錄和銀行資訊，再加上數十名證人、被告企業高層和執法機構的證詞。多虧這些豐富的寶貴資訊，我們比以往任何時候都更了解這個系統運作的方式。包括有哪些企業參與其中，為哪些合約支付多少賄款，而這些企業又如何利用中間人和非法之徒打通門路，以及如何透過偽造合約、篡改收據、空殼公司和境外銀行帳戶的複雜系統來發送和掩飾款項。光是過去十年，美國司法部在華盛頓特區的詐騙組，裡面的二十四位檢察官依《海外反腐敗法》提出的訴訟數量就創下記錄。這大大增加非法活動的風險，並對企業施加內部改革的長期壓力。

川普總統雖然對自己與俄羅斯的可疑關係避而不談，但他對打擊賄賂的積極行動卻不斷直言批評。他在二〇一二年接受消費者新聞與商業頻道（CNBC）的採訪時說：「今天每個國家進到那些地方，就要入境隨俗。這個法律糟糕透頂，應該要有所改變。」他補充道：「我的意思是，我們好像變成世界警察。這太荒謬了。」川普入主白宮後，他的觀點似乎從未改變。根據《紐約客》（*The New Yorker*）雜誌二〇一七年發表的一篇文章，他向當時的國務卿提勒森（Rex Tillerson）抱怨，《海外反腐敗法》對美國企業行賄的懲罰有失公正。

川普政府竭盡全力將他的立場轉化為政策，指派克萊頓（Jay Clayton）擔任美國證券

---

6 編注：沙賓法案（The Sarbanes-Oxley Act）美國國會在二〇〇二年爆發恩隆（Enron）及世界通訊（WorldCom）等上市公司的弊案之後所立的監管法規。

交易委員會（SEC，簡稱證交會）主席，克萊頓對《海外反腐敗法》也不斷直言批評。證交會是與司法部共同執行《海外反腐敗法》的監管機關。政府為了更「企業友善」，於是修改《海外反腐敗法》的執法政策，許多評論家認為，這使企業更容易成交且不易遭到起訴。與此同時，《多德—弗蘭克》（Dodd- Frank Act）的〈卡丹—盧格條款〉（Cardin-Lugar provision）也遭到撤回。該條款要求在美國證交所上市的能源公司，必須透露付款給外國政府官員的資訊——這被認為是美國打擊海外企業回扣的一層關鍵法規。川普入主白宮後不久，由共和黨領導的國會投票廢除了〈卡丹—盧格條款〉，總統也於二〇一七年二月簽署撤回。（值得注意的是，如果特別檢察官穆勒建議政府對川普集團提出《海外反腐敗法》相關指控，那麼川普撤回《海外反腐敗法》的舉動將對他自己有利。）

川普與曼納福特兩人是全球企業回扣文化的代表人物——因為他們許多可疑的交易，還有他們與俄羅斯商業寡頭[7]、敵對普丁政權之間更可疑的關係。從商業賄賂得利的人，經常從商界轉進政界。可是，當他們爬到白宮的層級，並開始扭曲美國政府的意志，以盡可能減少該有的法律責任，讓他們的家人、同夥進一步從利益衝突中獲利——這是踏上了一條不歸路。美國，這個國家在相當的程度上是反貪腐的，如果成為了貪腐的推動者，那將改寫美國的歷史。

西方文明自始自終都面對著一系列企業賄賂醜聞。拆穿這些醜聞，不但能揭露其普遍性，也能帶來關於企業權限、民主的強力對話。我們能藉由追溯其脈絡來檢視這個問題，回溯現代企業的出現，以及十八世紀發生在印度與英國的醜聞——這些事迴盪了數個世紀，並與美國息息相關。

7 編注：俄羅斯商業寡頭（Russian oligarchs）在二十世紀九〇年代蘇聯解體後迅速積累了足以影響政治的財富。

2

從史上第一家跨國企業開始的「偉大貪腐」

"FOUL CORRUPTION"

在無法可管的十八世紀，東印度公司呼風喚雨，成為南亞禍端。直到二十世紀，各國是否能在《海外反腐敗法》與《經合組織公約》的監管下不重蹈覆轍？

當英國東印度公司一位狡猾而野心勃勃的負責人克萊武（Robert Clive）來到據稱拉克沙巴格（Laksha Bagh）的芒果林時，天空烏雲密布，有大約三千名士兵在他的指揮之下。一七五七年六月二十三日的早晨，他們抵達西孟加拉胡格利河畔（Hughli River）的普拉西小村（Plassey）[1]。孟加拉有富饒的農業用地和豐厚的織品產量，是十八世紀印度工業強盛之都，也因此成為英國東印度公司擴張計畫中那個誘人的珍寶。二十四歲的該國王子——達烏拉（Siraj ud Daulah）力圖阻止這項計畫，他是英國利益的強烈反對者。克萊武兵分三隊，而達烏拉五萬人左右的軍隊在一英里外挖戰壕。這位王子有戰象和五十多門大炮，更別提主場優勢了。但克萊武也有自己的獨家優勢：他收買了敵人。當暴風雨在正午來襲，孟加拉王子的大炮開火時，克萊武撤退到樹林的狩獵小屋——倒頭就睡。他確信自己已經贏得勝利[2]。

英國東印度公司在一六〇一年於倫敦成立，是史上第一家現代公司——也是第一間發行股份所有權、提供股東有限責任的公司，率先用「賄賂」來操縱發展中國家的政治與經濟。這間公司的職員精通以權謀私，早在十七世紀初就收買了國內外的顯要人物和官員[3]。一六九五年，英國下議院調查了該公司其中一位董事庫克爵士（Sir

Thomas Cooke）對利茲公爵（Duke of Leeds）行賄的相關指控，希望能對公司章程的革新有正面影響。庫克爵士被關押在倫敦塔，後來遭到彈劾。一七一七年，東印度公司利用賄賂，讓印度做出有史以來對外國公司的最大貿易讓步。他們獻禮給無能的蒙兀兒帝王法魯克錫亞（Farrukhsiyar），並允諾每年給他三千盧比。作為回報，法魯克錫亞出賣孟加拉的經濟主權，允許東印度公司在孟加拉進行免稅貿易——等同讓他們得以壟斷市場。

若形容「賄賂法魯克錫亞」象徵了東印度公司終將統治印度的發端，那麼克萊武在一七五七年的賄賂行動則是壓軸。克萊武安排一連串秘密會面，對象是達烏拉王子

1 一七七二年四月二十七日，參與普拉西戰役的庫特爵士（Eyre Coote）在國會的證詞：「我們有七百五十人：一百名黃衫軍、兩千一百名印度兵、一百五十名炮兵，也包括水兵。」

2 根據庫特爵士的日誌描述：「克萊武上校退到利默里克（Limerick）附近的普拉西議屋（Plassey House），命令部隊在樹林的掩護下跟隨他……上校身心俱疲，於是躺著休息一會兒。」

3 英國東印度公司在印尼的尼克爾斯經理（William Nicholls）為賄賂的普遍傷透腦筋。他在一六一五年一月十五日的信件中寫道：「剛開始給一、兩個玩具就夠了；現在大方奉上這麼多玩具像是給偶像一樣，毫無目的，每一件交易都涉及賄賂。我無能為力。不得不扭轉整個過程，免得變窮。」

軍隊的總司令賈法爾（Mir Jafar），然後給予承諾，如果賈法爾願意在克萊武的私軍入侵孟加拉時袖手旁觀，那就會協助他成為新繼任的王子。雖然普拉西的軍隊人數大有優勢，但英軍還是占了上風。王子的大炮一開火，賈法爾的部隊隨即撤離戰場。之後王子也逃跑了，隨後就遭俘虜並殺害。克萊武背信棄義的行為，有效開啟大英帝國在印度的支配地位，以及未來對南亞數百萬人民長達兩世紀的殖民統治。幾年之後，他在英國下議院毫無悔意地堅稱：「當東印度公司存亡之際……有辦法欺騙強大的對手，才算是了不起的政策與正義。」

普拉西協議是企業以回扣換取利益的典型案例：暗中向外國官員行賄，以確保自身在新興市場中的商業優勢。然而普拉西賄賂的要素，相較現今此類交易的典型特徵更為明顯。其特點不只有欺騙，還有背叛。大多數現代的賄賂，並不會讓企業贏得整個國家的控制權。當然，企業也不再使用私人軍隊當作帝國的工具。不過這些都只是程度上的差異，本質上卻沒有不同。正如賈法爾背叛自己的同胞和王子，外國官員也同樣背叛了自己所服務的公民。如今，即便不是拿整個國家來交換，也是拿很大部份的國家財產。

普拉西戰役之後，一度是印度最肥沃工業基地的孟加拉——陷入了毀滅性的飢荒與經濟崩潰。英國國會在一七七二年調查問題根源，最終聚焦在克萊武與他的私人財產，以及他的個人操守之上。

這並非對東印度公司腐敗行徑的最後一次調查。事實上，英國官方（crown）與公民——包括啟蒙運動的中堅份子如潘恩（Thomas Paine）——耗費數年努力，公然對抗東印度公司在海外行賄帶來的道德與政治後果。這種新的犯罪形式，是某一國家的公民在另一國家的領土上犯罪，引發最早的公眾討論，關於企業責任、海外賄賂的代價，以及關乎貪汙所獲得之利益的道德問題。

克萊武與同夥在印度的冒險，使他們發家致富。返回英國後，他們利用不法所得來收買政客，讓自己進到政府裡頭。歷史學家達勒普爾（William Dalrymple）引用曾撻伐這件事的偉大演說家——伯克（Edmund Burke）的名言：「今天這些印度的罪犯在英國下議院被起訴。明天這些印度的罪犯可能就坐在英國下議院裡頭。」

◆

一七七四年四月，三十八歲的潘恩垂頭喪氣地離開英國，他辭去稅務官的工作，並與第二任妻子離婚。他為了另起爐灶，登上一艘開往美洲新世界的船，口袋有富蘭克林（Benjamin Franklin）的推薦函──前一年他有幸在倫敦與富蘭克林見面。潘恩十一月定居費城，工作是編輯廢奴主義刊物《賓夕法尼亞雜誌》（*Pennsylvania Magazine*），不久便轉換跑道成為一名記者。

由於距離英國甚遠，潘恩因此對於他的故鄉「旁觀者清」，於是開始猛烈譴責，抨擊他所見的惡行惡狀：英國在美國殖民地的暴政、在非洲的奴隸貿易，以及在世界各地越來越大的帝國陰影。理所當然，未來這些篇章成為了《常識》與《人的權利》的靈感來源[4]，其論述基礎對美國革命與美國憲法有啟發作用。

最先讓潘恩動怒的，是東印度公司的貪腐與侵吞。在倫敦期間，他依據自己譴責該公司之理由，在一七七二至一七七三年間的國會聽證會上發言──正如歷史記載，他「讓許多驚人事實首次攤開在公眾眼前」。與此同時，關於克萊武個人財產的謠言鋪天蓋地，甚至變成醜聞。克萊武本人則感嘆「所有報紙……全都是沖著我的辱罵和指責」。

一七七二年夏天，普雷斯頓的國會議員伯格因（John Burgoyne）在英國下議院發出了緊急呼籲，要求成立一個特別委員會，調查東印度公司管理與貪腐的問題，並確定改革措施。對伯格因而言，公司監管不只是個商業問題；他有先見之明，將監管海外企業行為與一個更嚴重的問題聯繫在一起。他大聲疾呼：「這個問題關乎全球大部份地區的命運……甚至於人類的權利。老天！何其重要！」在伯格因的辯才之下，下議院同意成立特別委員會，並開始進行調查。伯格因擔任委員會負責人，而聽證會很快就聚焦在克萊武身上。

東印度公司在擴張領地的過程中犯下無數暴行，不只在印度，在中國、非洲和美洲也一樣。讓伯格因尤其憤怒的是——他一七七二年夏天喋喋不休講了好幾天——克

---

4 編注：《常識》（*Common Sense*）論證了北美洲十三個英國殖民地獨立的合理性和必要性；《人的權利》（*Rights of Man*）則呼籲在政府不保護人民的自然權利的狀況下，人民發起革命是合情合理。

萊武在普拉西戰役背信棄義，他說：「把多拉（Surah al Dowla）趕下王位的那場著名革命，殘忍的手段讓『克萊武』這個名字留下永久污點。」

普拉西事件的確切細節尚不明朗。但有一點特別值得注意：東印度公司與賈法爾起草了「十三項條文」。其中最後一項——也就是第十三項，聲明東印度公司將會「竭盡全力協助賈法爾取得孟加拉、比哈爾邦和奧里薩邦的統治權」。不過，根據真正呈遞給東印度公司的正式記錄，這最後一項被省略了，所以並無涉及賄賂。（後來這一項出現在其他副本上。）伯格因逐一訊問證人，試圖找出第十三項被刪除的原因，但找不出個所以然。克萊武則表示，他根本不記得有這一項條文的存在。伯格因最接近真相的一次，是當克萊武的秘書沃爾什（John Walsh）推測，這項條文可能有兩份副本：第一份完整包含十三項條文的副本給了賈法爾，而另一份副本，忽略了這項條文，則被存入公司的官方帳簿。沃爾什將疏忽推給筆誤，他說：「辦公室亂七八糟，人手不足。」儘管如此，伯格因的調查顯示，東印度公司在諸多非法行為中，仍保留了鬆散而令人懷疑的內部帳簿、記錄——以上是檢驗此類違法行為的其中一個先例。

伯格因與他帶領的委員會後來發現，普拉西事件最嚴重的罪行並不是賄賂本身，而是衍生的後果。東印度公司掏空孟加拉富裕的金庫，將黃金白銀裝上一百多艘船運往英國，以今日價值計算將近三億美元。其中大部份直接流入時任孟加拉州長的克萊武的帳戶。他在一夜之間成為英國首富之一（根據史學家達勒普爾的說法，克萊武的獲利等同於今日的兩千三百萬英鎊）。克萊武政府降低織工的工資，同時調高土地稅，不顧孟加拉的財富已經枯竭。當孟加拉遭受洪水與乾旱，東印度公司卻拒絕提供公共援助。饑荒不斷蔓延，孟加拉在一七六九至一七七三年間據信有三分之一人口喪生。（估計有一百萬至一千萬人。）伯格因向議院報告這些「令人震驚的故事」時，改述《哈姆雷特》（*Hamlet*）的文句來指控東印度公司「骯髒的貪腐暗中鋪張／蔓延於無形」。

由於死亡、垂死的人數眾多，土地收入於是驟降。隨著股價暴跌，東印度公司面臨一百五十萬英鎊的巨額債務。一七七二年時，它已經陷入全面危機。預示著我們這個時代的到來——這家全球最強大的公司需要政府紓困，於是要求英格蘭銀行提供一百萬英鎊的貸款。在此同時，像克萊武這種負責人卻過著舒適的生活，在英國各地置產。一七七三年，眼看公司即將破產，東印度公司在美國提高茶葉的價格，隨後引發一連串事件——始於波士頓茶葉事件[5]，最終導致美國革命。

伯格因曾做出「針對東印度公司的調查，能為其樹立真理之鏡，讓他們看清自己和自己事務的本質」。當他審查該公司在海外的作為，也同時映照出當時英國社會的特徵。閱讀這些爭論的文獻依舊相當有趣，能看見十八世紀學者對於被征服的印度次大陸的受害者的憐憫之心。特別委員會的成員經常激辯到天亮。代表威根鎮（Wigan）羅金漢輝格黨（Rockingham Whig）的梅雷迪思爵士（Sir William Meredith）對此評論：「我相信上帝在我們之上，我也相信，流灑無辜王子之血，並榨取無辜人民謀利的行為，永遠不會發達。」

然而，伯格因的目標大多未能實現。他對克萊武致富的方式相當不滿，他認為克萊武和其官員從孟加拉國庫中積攢的巨款，應該由英國政府所有。伯格因在一七七三年五月三日表示：「克萊武濫用了他被賦予的權力，為公僕樹立邪惡的壞榜樣。」他希望藉由投票譴責克萊武，並剝奪其財產。

但克萊武那時已然成為民族戰爭英雄，不僅身為國會議員，還受封為爵士與男爵，被授予無數頭銜。國會委員會不只宣布克萊武無罪，還幫他的榮譽錦上添花：議會一致投票通過了一項決議，指出克萊武「為他的國家做出偉大又光榮的貢獻」。

不過伯格因的特別委員會所揭露的內情，確實促使《一七七三年監管法》(Regulating Act of 1773)的通過——這是英國政府首次試圖控制東印度公司。該法案有個特別突出的要求，即東印度公司必須提供英國財政部所有孟加拉財政收入的相關信函，以及提供英國國務大臣所有關於民事、軍事事務的相關信函。另一項條文禁止公司員工收受禮物或賄賂，不過沒有禁止他們提供禮物或賄款。（英國直到二〇一〇年才明確將企業海外行賄定為違法。）儘管如此，該法案仍是政府引入企業內部規範、反腐敗措施的一個典型嘗試。由於接受這些限制，東印度公司獲得政府一百萬英鎊的救助回報。

克萊武是帝國的典範，他的貪汙罪名被判無罪，但他終究無法為自己脫罪。一七七四年十一月二十二日，他在家中身亡，而且顯然是自盡。克萊武據說患有躁鬱症（一生兩度自殺未遂）且鴉片成癮。他曾用鴉片治療慢性腹痛。一些傳聞稱他自殺

5 編注：一七七三年，英國殖民地波士頓發生抗爭，反對英國政府在殖民地徵稅，並反對英國東印度公司利用法案壟斷北美的茶葉進口貿易。

是服藥過量；也有人說他用摺疊小刀割喉。歷史學家則一致認為，克萊武是精神狀態不穩定的暴發戶，在名譽掃地之後從此一蹶不振。

過了一週，潘恩的船抵達美國海岸。一七七五年三月，他出版一本簡潔有力的小冊，題名為《對克萊武生與死的反思》（*Reflections on the Life and Death of Robert Clive*）。他在文中抨擊克萊武與其公司的道德淪喪。「克萊武勳爵本人就是一部虛榮的專著，全書文字燙金。」潘恩寫道：「英國的劍即將出售，爭鬥的王子首級正待價而沽，兩者都賄賂買通。」正如歷史學家奧尼爾（Daniel O'Neill）所言：「在印度的暴行，是潘恩在一七七六年出版的《常識》中，主張美國獨立相關論述的主要動力。」

潘恩次年十月發表《嚴肅的思想》（*A Serious Thought*），其中寫道：「當我深思英國在東印度所實行的殘酷暴行——數千人死於人為造成的飢荒……我毫不猶豫地相信，全能的上帝最終會讓美國從英國分離出來。」這是最早預示《美國獨立宣言》的出版物之一。

美國獨立戰爭期間，潘恩提倡美國獨立目標，再次引用克萊武作為例子。在一七七八年出版的《危機》（*The Crisis*）中，他寫道：「在克萊武及其繼任者的統治下，英國後來對印度的剝削，與其說是征服，不如說是滅絕……為了英國國內的幸福與世界和平，但願她除了本身的那塊隔離島，沒有其他半點土地。」

美國是君主政體的殖民地，受東印度公司的經濟霸權統治，對於這種思想有獨特的共感——不行賄是一項人權，而且可透過煽動來合法取得。美國被認為是一塊「白板—Tabula Rasa」[6]，是一個會直接反對這種做法且不同流俗的地方。那麼，建立在這種原則之上的國家，或許應該率先禁止企業在海外行賄——就算需要耗時超過兩百年。

一九七五年，年輕的律師克拉克（Peter Clark）任職於美國證交會執法科（Division Of Enforcement）。執法科成立於三年前，負責調查可能違反聯邦證券法的案件。某天早上，克拉克在辦公室裡遇到火冒三丈的科長史博爾金（Stanley Sporkin）。克拉克回憶道：史博爾金的身材高大臃腫，眼窩凹陷，手裡揮舞著報紙，問說：「一家上市公司——消

6 編注：「白板」的概念由英國哲學家洛克（John Locke）提出，用於形容人出生時的心靈狀態，而後的觀念全然是後天經驗的結果。

音——怎麼可能會有賄賂基金？」

水門案爆發後兩年，尼克森總統辭職不到一年，醜聞卻一直陰魂不散，依然撼動著華盛頓。跨國企業（包括美國某些最負盛名的品牌）不僅在國內，也在世界各地給政黨非法的賄款。美國證交會主席嘉瑞特（Ray Garrett）對此描述：「這是水門事件的後半場，也是最大一場。」

愛達荷州的丘奇（Frank Church）一九七五年召集了一個關於跨國公司的參議院小組委員會，正如他的一位同事所言，將會共同調查「美國企業在海外的商業活動」並「查明這些活動對美國外交政策的影響」。史博爾金每天下班回家後，都會收看電視播出的聽證會。五月中的某個晚上，他聽到海灣石油（Gulf Oil）董事長多西（Robert Dorsey）在委員會上的證詞。多西承認海灣石油在一九六六至一九七〇年間，支付南韓民主共和黨四百萬美元的賄款。這筆錢主要用於該黨在一九七一年的連任競選。多西接著解釋海灣石油如何轉移資金：「雖然每筆賄款都是來自美國公司資金，但轉讓記錄是給巴哈馬勘探有限公司（Bahamas Exploration Co. Ltd.）的預付金，寫在巴哈馬勘探公司的帳簿與記錄上，將這些錢作為用度。」（一九七六年一月，多西和其他三位海灣石油的高層辭職了。）

史博爾金欣喜若狂。他不只身為律師，還受過註冊會計師的培訓，想進一步了解海灣石油的賄賂基金的運作方式。於是他打電話給他其中一名員工雷恩（Robert Ryan）：「我希望你去那間公司，看看那裡的狀況，還有看看他們是怎麼做的。」海灣石油的高層主管很坦率地向雷恩解釋，他們把錢從海灣石油轉移到巴哈馬勘探的銀行帳戶，因為金額夠小，所以國家稅務局（IRS）和外部審計人員不會起疑。最重要的是，他們證實多西的證詞——他們將付款錯記成遞延費用[7]，然後記作開支一筆勾銷了。

當時尚無法律明確禁止美國企業賄賂外國政府官員，儘管有一些現行法規適用於賄賂的支付與隱瞞——包括《銀行保密法》（Bank Secrecy Act）、《反勒索及受賄組織法》（RICO）以及部份美國國稅局刑法的規定——但真正讓史博爾金震驚的是，企業雖然必須保留帳簿，但聯邦法卻沒有要求上市公司保留**可信**的帳簿與記錄。「這對我來說非常不可思議，」他回憶道：「這些公司可能在世界各地行賄，而股東都不知道錢怎麼賺來的。」

證交會針對海灣石油發布禁令，理由是賄賂行為本應是向投資人公開的重要資

7 遞延費用（Deferred Charges）為一種長期預付費用。

訊，結果他們卻沒有公開，所以違反了現行的聯邦證券法。證交會很快就對其他大型企業進行調查，發現有許多企業有設立子公司，地點通常在遙遠的國家，在那開設藏有數億美元的帳戶。這些資金多半用現金形式提取，然後直接轉交外國官員，或轉入他們在瑞士或新加坡的銀行帳戶。

事實上，這是美國某些最大的企業的標準程序。飛機製造商洛克希德（Lockheed）利用一家名為「三合」（Triad）的公司，賄賂沙烏地阿拉伯的將軍；航空業巨頭諾斯洛普（Northrop）則透過「經濟發展公司」（EDC）付錢給多位外國官員。二戰之後，跨國企業已然建立起現代賄賂的模型。以海灣石油為例，懷特福德董事長（William K. Whiteford）一九五九年成立巴哈馬勘探公司，目的就在於「充當非法與可疑款項的管道」。直到一九七六年，史博爾金和執法科才對六十五家大型企業發布禁令。

隨著調查展開，諾斯洛普公司透露，為了贏得交易曾在短短兩年內給外國代理商三千萬美元。埃克森美孚公司（Exxon）承認，曾支付四千六百萬美元給義大利某些政黨，而洛克希德公司（Lockheed）支付兩億美元給世界各地的代理商與官員，包括日本首相與荷蘭伯納德親王（Bernhard）。正如伊利諾州參議員珀西（Charles Percy）所言：「我相信，那些以貪婪之名揮灑創造力的人，可以在我們制定法律治他們之前，就先想出計畫。」

這些發現震驚了華盛頓和華爾街。一九七五年二月三日上午八點，跨國水果公司聯合果品（United Brands）的創辦人暨執行長布萊克（Eli M. Black）人在辦公室——位在曼哈頓泛美航空大廈四十四樓。布萊克成立聯合果品，其下品牌金吉達（Chiquita）占美國進口香蕉總量近三分之一。證交會發現聯合果品向外國官員行賄兩百五十萬美元，包括宏都拉斯總統阿雷利亞諾（Oswaldo Lopez Arellano）。當時布萊克用他的公事包，打碎面向公園大道的窗戶，接著拿著公事包跳了下去，最後不治身亡。

「我們將持續找出這種案件。那些公司不願做出辯駁，於是我們達成和解協議。」史博爾金回憶道：「他們之所以不願辯駁，是因為不想暴露出賄賂的事實。」最終，美國證交會對海外賄賂的調查，涵蓋了兩百多家美國公司。雖然那些公司僅占美國海外業務的一小部份，但調查名單包括「財星五百大」[8]裡的一百一十七家公司，全都是

8「財星五百大」（Fortune 500）是美國《財星》（*Fortune*）雜誌自一九九五年開始，每年評選的全美前五百大公司的排行榜。

美國最大、最優秀的產業。「發現數百萬、數千萬、數億——是我們做夢都沒想到的事情。」證交會主席嘉瑞特當時向《新聞週刊》（*Newsweek*）雜誌表示：「這種賄賂、招權納賄與腐敗的存在，是我從未想過的規模。」

史博爾金的團隊沒有足夠資源去調查所有涉案公司。克拉克解釋：「這是一支特別小組，根本就像臨時拼湊的棒球隊——但有十個厲害的隊員。」史博爾金向嘉瑞特及其他人討論此事之後，制定了一項計畫。一九七六年初，執法科宣布一項自願申報計畫（VDP）。證交會規定，如果跨國企業想要解除禁令，就必須同意特定條款：公開申報任何已經支付的潛在賄款。企業必須自費成立一個獨立委員會，全面調查賄賂；企業必須有採行相關措施的證明，確保類似行為不會再發生。這種合作信用體系是一種和解，迄今定義了企業海外行賄的解決方法。協助監督該計畫的克拉克指出：「這項協議無法擔保任何事——你不能保證得到豁免權，也無法保證你免於民事或刑事告訴。」

「我不覺得有人準備好面對隨之而來的大量申報。」克拉克補充，當時官方公布的公司在三百至四百家，但他認為實際上約是六百家。這些公司承認，已向海外官員支付了同等今日十億美元的賄款[9]；而多數情況下，公司高層都知道付款狀況。丘奇參議員指出：「從範圍與規模來看，海外商業行為的賄賂與收益象徵了一種歪風，相較之下，政治上的歪風只不過是主日學[10]的野餐會。」問題在於，即使史博爾金的團隊找到嚴重貪汙的明確證據，也沒有能提告的法律依據。「我們可以證明他們賄賂，但我們無法因為賄賂起訴他們。」克拉克解釋。

威斯康辛州參議員、並身兼參議院銀行委員會主席的普羅斯邁爾（William Proxmire），率領調查洛克希德公司涉嫌在日本與荷蘭的賄賂。他肯定早就知道有企業賄賂這回事。但史博爾金和證交會揭露的巨額還是讓他驚訝萬分。當時他公開表示：「不幸的是，現在仍然血流不止。這是我們美國自由企業制度的恥辱。」

普羅斯邁爾認為，儘管美國證交會在申報計畫之下已經盡其所能，但真正需要的，是禁止外國賄賂的專門法律。現行法律尚有不足，因為涉及的只有支付賄款的手

9　一九七五年美國證交會列出三億美元的賄款款項，按今日貨幣價值換算約為十三億八千五百萬美元。

10　編注：主日學（Sunday school）是基督教教會在星期日早上的宗教教育活動。

段，而非賄賂行為本身。海灣石油董事長多西對參議院小組委員會表示，海灣石油會欣然接受這條法律，這多多少少鼓勵了普羅斯邁爾。多西說：「假如我們的帳本上有一條這樣的法規，那我們就更容易抵抗那些不時對我們施加的高壓。如果我們能援引自己的法條，聲明我們可能做不到，就能有優勢立場抵抗這些壓力，然後拒絕他們的要求。」

普羅斯邁爾請他的職員聯絡史博爾金，並問對方能提供什麼幫助。史博爾金回憶道：「我告訴他：『嗯，我們利用現有資源做得很好，但我們還可以善用法律。』他說：『哪種法律？』而我一直在思考這件事。我告訴他，我們需要一部法律，要求在美國做貿易的上市公司保留精確的帳簿與記錄。」普羅斯邁爾說，其實光憑這一點根本還不夠。

史博爾金對此則解釋：「他希望有賄賂條款。若上市公司把檔案交給證交會，是為了買通外國官員來贏得生意，就是違法……但我對賄賂並不感興趣，因為我認為證明海外賄賂太困難了。那是他的選擇。」

經過艱苦拚搏之後，普羅斯邁爾終於在一九七七年十二月取得他希望的法規：眾議院以三百四十九票同意批准《海外反腐敗法》，經參議院核准，再由卡特總統（Carter）於十二月十九日簽署生效。

直到四十多年後的今天，《海外反腐敗法》的執行已成為美國司法部、證交會和聯邦調查局的重點工作。它是私人律師事務所數量最大的白領犯罪問題之一；它引發了企業文化上真正的動盪與戲劇化的改革，更別提國際法了；它也造成數十億美元的企業罰款與刑責。簡而言之，《海外反腐敗法》從根本上改變了**從事**全球貿易的定義——以及能**稱之為**全球貿易的意義。

問題在於：這個奇怪的法律究竟代表什麼？它的初衷是什麼？又現今的執法是否能符合其初衷？

◆

為什麼現代社會需要如此長時間才能禁止這些行為？尤其在貪汙這方面，海外企業活動的早期歷史相當零散，但鑒於東印度公司沉溺於這種做法，很可能有許多公司也這樣做，尤其因為沒有任何國家的法律禁止他們行賄。制定「禁止企業對海外官員行賄」的法律，是美國特有的反應，出現在美國歷史上格外黑暗、動盪的時刻。貪腐不僅在白宮爆出，也損害美國的形象、以及美國希望在世界上實現的目標。要理解其中緣由，回顧一下那段導致《海外反腐敗法》的**報應**時期也許能帶來啟發。

《海外反腐敗法》一九七七年通過前，國會有兩年的聽證會。國會與公眾在此之前（或之後）從未如此深入、不屈不撓地調查商業賄賂最令人恐慌的一面：對海外的破壞性影響。在國會的全部審議過程中，參議員、議長與專業證人都強調賄賂不單純是經濟或商業方面的問題。當時來自德拉瓦州的年輕參議員拜登（Joe Biden）意識到其中更重要的意義：「我非常沮喪，不僅擔心賄賂，也擔心賄賂如何直接影響我們的外交政策，以及政府的最大利益。」

正如證交會與參議院的調查細節，洛克希德公司不僅賄賂日本官員，還向義大利民主黨支付了數千萬美元。洛克希德在這兩個案例中，透過軍用飛機的銷售進行協商。當款項曝光後，收賄的兩國政府皆搖搖欲墜，差點倒台。日本首相據稱已收受一百六十萬美元，最後辭職下台。而在義大利，共產黨在一九七六年的選舉大獲全勝，理由是共產黨不像收賄的民主黨，至少貪汙沒那麼嚴重。日本受到的影響，讓紐約眾議院議員索拉茲（Stephen Solarz）得出結論：「國家關係是我國外交政策的核心，這下可能處於危險境地。」而關於義大利，他補充：「不難想像，由於這些資訊的曝光，我們在地中海和北大西洋公約組織（NATO）南部的整個外交政策，最終將會被破壞。」

一九七五至七七年間舉行的聽證會，在這番討論上開拓了另一層面：行賄發生的國家，其實承擔了賄賂案的最大後果。一九七五年某次參議院聽證會上，丘奇參議員與洛克希德的首席國際銷售員考登（William Cowden）互相交流看法。丘奇指出，洛克希德的C－130力士型運輸機沒有直接競爭的對手，但洛克希德卻為了銷售對印尼政府官員行賄。丘奇問：「這架飛機根本沒有競爭對手，你們在這種情況下為何還要支付佣金、回扣或賄款？」考登回答：「我們不一定常常與其他類似的對手競爭，但我們競爭的是其他的銷售收入。」這等於承認洛克希德賄賂外國官員，讓對方購買印尼可能根本不需要的軍事裝備，而經費本來能用於其他事務，例如蓋學校。「這是一個非常特別的觀點，」丘奇再補充：「如果你的銷售是基於付錢給政府官員，讓他們變有錢，那你就是迫使他們把目標轉為軍購，但同時其他方面的採購卻可能對他們與他們的人民更有利。」他總結道：「賄款越多，公司利潤就越多，貧窮國家轉移到這類採購上的資源也會越多。」

國會審查的案件揭露了賄賂影響他國政治發展的強大力量——甚至影響歷史進程。舉例來說，南韓民主共和黨收受海灣石油賄賂之後，只以百分之五十一的支持率勝選。克拉克參議員問多西董事長：「在我看來，你的貢獻將會帶來改變。你覺得可能嗎？」多西回答：「以統計來說，我不得不承認你是正確的。」莫斯眾議員（John E. Moss）隨後提出建議：「公眾當然不希望制訂外交政策這件事，只發生在聯合果品或洛克希德的董事會裡。」

珀西參議員的觀察既敏銳又清晰，經常在審議之中為美國的良知發聲，他警告：「在這個世界上，我們實現目標的手段決定了往後我們生存的世界型態。」

所以《海外反腐敗法》的通過，代表賄賂對美國外交政策與安全目標影響、以及對其他國家民主與經濟發展的回應。它所強調的商業交易透明與維護自由市場，並非最終目標，「在正式頒布之初，國會就將《海外反腐敗法》當作促進發展中國家的民主價值觀的工具。」出自維吉尼亞大學法律系助理教授斯伯丁（Andrew Spalding）的文章。在冷戰的高峰期，《海外反腐敗法》的制定者擔心賄款會像在義大利那樣落入共產黨員手中。根除企業回扣的戰爭是一種重要的政策問題，因為不採取措施解決這些問題的話，「這個國家與它主要的盟友，會在某天早晨醒來時，發現穩定的民主政府根基已經被鯨吞蠶食。」參議員丘奇說。

斯伯丁形容制定《海外反腐敗法》的努力是前無古人的：該法規不僅將賄賂官員定罪——正如許多現行法規——也禁止企業在其他國家賄賂外國官員，因此，這是在反賄賂抗戰中從未嘗試過的司法權主張。該法規強力懲治境外犯罪，這些罪行（最終受害者是外國人民）由美國與跨國公司共同承擔。斯伯丁寫道：「國會制定了一項法規，美國納稅人將為此買單，以保護非納稅人免受賄賂侵害。」

諾南（John T. Noonan）在他研究徹底的著作《賄賂：道德觀念的思想史》（*Bribe: The Intellectual History of a Moral Idea*）中寫道：「世界歷史上，賄賂相關的措施首度被納入法律，這對於受法律管轄的人而言是通用的。史上第一次，一個國家將賄賂另一個國家官員的行為定為犯罪。」諾南認為，企業賄賂三百多年來一直是無可避免的全球性災禍。而當其他國家的政府基本上對回扣與其影響視而不見時，美國承擔反賄賂的責任是一大壯舉。

《海外反腐敗法》這部看似簡單的法規，由兩部份組成。第一部份要歸功於史博爾金，它要求任何在美國證券交易所交易的企業，都必須保留精確的帳簿與記錄，並實施內部會計控管制度。也就是說，這一部份解決了「藉偽造財務會計來隱瞞賄賂」的問題。該法不僅適用於美國企業，或總部設在美國的企業，也適用於在美國證券交易所發行股票的外國上市公司。美國實際上賦予自己監管外國企業的權力，即便這些企業法人的原籍國並未將賄賂視為非法，且在某些情況下暗中鼓勵行賄。（直到二十一世紀初，企業賄賂實際上在德國是可減稅的。）這些境外規定賦予《海外反腐敗法》頗具爭議的權力，這項權利隨後被重新解釋，結果相當戲劇化。總部設在美國的私人企業也必須遵守這項法規。

《海外反腐敗法》的第二部份，必須歸功於普羅斯邁爾，它將「實際對外國官員的賄賂」定為犯罪。這一部份規定，就算公司沒有真正給出賄款——只要承諾支付或給予外國官員「任何有價值之物」就構成違法。該法規也確保企業法人不能用金融詭計來避責，如海灣石油、洛克希德和其他公司利用中間人、代理商或隱匿的子公司來達成賄賂。這項法律明確規範，企業對子公司及其代理商的賄賂負有責任。

普羅斯邁爾必須為這項條款奮鬥，因為當時許多參議院同僚認為，沒必要將賄賂定為刑事犯罪，而且這種做法也不可行。有些人認為，要求企業申報賄賂就夠了——他們指望跨國公司會自我監督，找到自己違法的證據，並自發進行必要改革。「當然，海外賄賂的問題相當微妙而複雜，」普羅斯邁爾說：「但經過一年多的調查，我們該達成共識，是時候補救賄賂這種愚蠢又無恥的行為了。」

無論《海外反腐敗法》的通過有多麼令人深刻，但後續執法的歷史記錄卻令人失望透頂。在國會聽證會上，參議員普羅斯邁爾等人明確表示，他們贊成證交會負責執行所有新的反賄賂法。鑒於證交會的證券監管歷史，以及水門案後對企業賄賂的調查，這個決策不僅切實可行，同時也讓司法部受到當時國會與公眾的強烈懷疑。「若說我們從水門案學到了什麼教訓，那就是我們了解到美國司法部並非完全可靠，尤其當有影響力的企業高層參與其中。」普羅斯邁爾說：「司法部專門檢舉惡棍，但白領犯罪的檢舉記錄卻是馬馬虎虎。」

問題在於，證交會不想做這件差事，希爾斯主席（Roderick M. Hill）一九七六年在國會上作證時說「證交會沒有意願參與此類禁令的民事執行程序」。證交會承認，根據事實及法律本身，強制實施外國賄賂法必將涉及美國的外交政策與國家利益——正如辛辛納提大學法學院的法學教授布萊克（Barbara Black）所言，這是一種遠遠超越官方授權的專業技能，能「保護投資者、維持公正、秩序和高效市場，以及促進資本形成」。

最後，解決辦法是責任分工：大致上，證交會的任務是執行《海外反腐敗法》的帳簿與記錄規定，並在必要時於必要之處提起民事訴訟，而司法部的任務是執行反賄賂的刑事禁令，並在必要時於必要之處執行。實際上，無論從資源或專業能力的角度來看，這兩個政治實體都還沒有起訴大企業的充分準備。也難怪，美國司法部在一九七七至二〇〇五年間，只有六十七件《海外反腐敗法》起訴——平均每年不到三件。

◆

直到一九九九年，視美國為典範的全球主要工業國家，終於聯合起來宣布禁止商業賄賂，透過經濟合作暨發展組織（OECD，簡稱經合組織）來達成。經合組織成立於一九六一年，是一個政府間經濟組織（intergovernmental economic organization），旨在協助管理馬歇爾計畫[11]重建歐洲。其成員國——今日代表為三十五國，包括美國、德國、加拿大與日本——總計占世界出口的七成，以及外資（FDI）的九成。其中許多國家在美國將賄賂訂為非法之後，仍對此視若無睹，但經過十年的密集談判，各國都承諾將改革法律，以禁止商業賄賂，並授權它們的執法機構在調查國際貪腐時進行合作，包括共享證據。該協議的全名為《經濟合作發展組織反國際商業交易中賄賂外國公務員公約》(OECD Convention on Combating Bribery of Foreign Public Officials in International Business Transactions，簡稱《經合組織公約》）。

《經合組織公約》是美國政治與經濟的勝利，美國不斷遊說主要貿易夥伴實施該法律。去過經合組織巴黎總部無數次的克拉克說：「我們把所有雞蛋放在經合組織這個籃子裡，而隨著時間過去，我們得到了回報。美國確實如願以償。」

11 編注：馬歇爾計畫（Marshall Plan）是二戰後美國對西歐各國進行的經濟援助、重建計畫。

諷刺的是，當工業化世界致力於取締賄賂時，共產主義早已垮台，而《海外反腐敗法》的主要動機卻是保護海外的民主與公民。斯伯丁的看法是：「隨著蘇聯解體……反賄賂法在外交政策上的含義，逐漸變得晦澀不明。」一九九八年，美國國會針對《海外反腐敗法》舉行新的聽證會，盼修改法規以更貼近《經合組織公約》，而過程中幾乎沒有提及賄賂的影響。反之，為了關注其他國家如何利用回扣削弱了美國的競爭力，許多言辭都被重新改寫。

被視為受害者的，不再是海外貧窮的公民或民主政體，而是美國企業本身。在整個一九九〇年代，在柯林頓政府鼓勵出口的領導下，企業賄賂實際上變成貿易、商業問題而非外交政策問題，《海外反腐敗法》則變成保護美國企業勢力的工具。當時美國商務部的法律總顧問平卡斯（Andrew Pincus）向國會表示，由於海外競爭對手仍在行賄，美國企業估計共損失三百億美元的國際合約。「公平競爭環境」的新思維，意味著要讓《海外反腐敗法》監督市場體系。《海外反腐敗法》的精神與司法部實際執法兩者的脫節，使該政策變得越來越偏離正道。

同時，企業完全無視新法律，一面逃避執法，一面嚷嚷要加強會計控管與反賄賂措施。他們在聯合國的直接監督下——史上看似最全面、有效的制裁制度之一——卻仍然成功賄賂了世界上最危險的一位獨裁者。伊拉克就像一記警鐘，證明雖然有《海外反腐敗法》和《經合組織公約》，但貪腐仍舊猖獗，可見法律根本沒有威懾作用，賄賂依然是嚴重的外交政策問題。

3

海珊的黑錢箱

MONEY BOXES

聯合國一場史上最大的人道主義活動，同時也是數百億美元的搖錢樹。諷刺的是，這些善款最後可能落入恐怖份子的手中。

三級軍士長埃斯（Daniel Van Ess）與上士布夫（Kenneth Buff）深吸一口氣，穿越一幢小建築物黑漆漆的門檻，這幢建築的外牆周密地掩藏在樹林之後。那天是二〇〇三年四月十八日，他們的第三機械化步兵師在令人措手不及的快速突襲中占領巴格達。他們在薩達姆・海珊（Saddam Hussein）的其中一座古老宮殿中紮營，這座奢華的莊園就在首都郊外，裡面有幾十幢豪華別墅。

在三月十九日發動入侵之後，美國政府的所有國防、情報機構一直不斷在尋找海珊據稱持有的大規模毀滅性武器。美國認為這些武器可能藏在任何地方，也因此，那天早晨埃斯與布夫走路時格外小心。他們發現一間外表奇特的屋子，前門和窗戶都用混凝土磚封住。

這看起來不太對勁，布夫心想。「有一塊混凝土磚露在窗外，」布夫回憶道：「我用鐵橇塞在那塊磚的後面，它就掉下來了。」光線傾瀉到黑暗的空間，潑灑在地板上雜亂無章的物品上。當他們適應了光線，數十個小箱子出現在眼前，整齊排列在地上，一路延伸到漆黑之中。

布夫斷定，**我們一定要進去**。他們打破前面的混凝土障礙物，踢破通往內部房間的木門。他們擔心的狀況沒有發生——沒有爆炸、沒有毒氣，只有一片寂靜。他們走近確認，發現箱子是用鍍鋅鋁板製成，並被鉚釘封死。「我們不知道裡面裝了什麼。我們非常小心地把箱子打開。」布夫說道。他二〇〇六年退役，目前在核電廠擔任安全人員。

他們沒有找到大規模毀滅性武器，卻找到同樣令人不安的東西。這些東西很快就會將所有事件串聯——聯合國的恥辱、美軍與聯軍數千名犧牲的士兵，以及美國、伊拉克與國際社會至今仍努力應付的一連串破壞性後果。

布夫撬開其中一個箱子，把它轉向光線，看到裡面有成堆的一百美元新鈔，每一疊都用藍色捆紮帶封上。他快速清點鈔票：這一個箱子裝著四百萬美元。他和埃斯都目瞪口呆，接著清點所有箱子，計算出這間屋子裡共有現金一億六千萬美元。在布夫和埃斯的帶領下，第三步兵師開始闖入莊園裡其他屋子。他們一天下來找到七億六千萬美元——是美國軍事史上最多的戰利品之一。

十年來，聯合國實施懲罰性的貿易制裁，切斷海珊的外匯存底，但第三步兵師突然找到堆積如山的「私房錢」，還必須找來一架C－130力士型運輸機（常用來運輸坦克）

才能把這些錢運送到安全位置。「我們後來得知，海珊在美國發動突襲前兩天，從紐約聯邦準備銀行提領了十億美元。」布夫說道。在其中一項史上最嚴格的制裁計畫之下，這位伊拉克領導人究竟如何累積超過十億美元的祕密現金？

◆

二〇〇一年一月，懷亞特（Oscar S. Wyatt）登上公司的私人飛機到海外旅行。懷亞特禿頭而肥胖，是休斯頓社交界的台柱。他是白手起家的石油億萬富翁，經常在豪宅和鄉村俱樂部之間遊樂；而他現在的目的地是巴格達國際機場。懷亞特的財富大多來自海珊的石油：在整個一九七〇年代，他的沿海公司（Coastal Corporation）進口伊拉克將近百分之七十五的石油——相當於每天二十五萬桶——自此成為海珊的大客戶之一。海珊一九九〇年入侵科威特，聯合國於是實施制裁，也中斷懷亞特的生意。但從一九九六年起，聯合國允許海珊根據一項名為「以油換糧」（Oil-for-Food Programme）的計畫恢復銷售，沿海公司又恢復在伊拉克的活躍貿易活動。

當時懷亞特為了參加伊拉克國家石油營銷組織（SOMO）總部舉行的會議而前往巴

格達。該組織在「以油換糧」計畫中的角色相當重要。根據條款，該組織得以在國際市場上，向懷亞特這樣受批准的買家出售一定數量的石油。但懷亞特和其他客戶並不是直接付款給伊拉克，而是按條款要求，將錢存入聯合國在紐約的一個託管帳戶。聯合國利用這些資金為伊拉克人民購買食品、藥品和基礎設施用品。如此安排有雙重目的：一是減輕制裁的打擊，二是防止海珊直接取得金錢。

聯合國實際上授予了海珊一項最終權力，讓他選擇哪些公司、個人能使用他提供的石油。調查員後來發現，海珊有一個批准客戶的祕密名單，而懷亞特的名字始終位在名單首位——他從「以油換糧」計畫開始後，就透過正式協議買了數億美元的石油。

懷亞特一如既往拜訪伊拉克，待在巴格達一度奢華的阿爾拉希德酒店（Al Rasheed）。這家酒店後來因記者報導美國入侵、占領伊拉克而聲名大噪。懷亞特開了四英里的車，到達伊拉克國家石油營銷組織的總部，途中經過伊拉克議會，以及美國制裁所導致的斷垣殘壁、以及滿目瘡痍的廢墟景象。

儘管當時的小布希總統（George W. Bush）也是德州石油商，懷亞特仍強烈反對政府的制裁計畫。伊拉克坐擁世界第二大石油儲量，而且懷亞特認為，強力掠奪世界石油資源並無經濟意義，因此蔑視小布希政府，並與海珊維持關係。懷亞特曾對記者說：「實行制裁之後，總得有人與這些大型石油生產商保持聯繫。」

懷亞特一抵達伊拉克國家石油營銷組織總部（這是一幢雄偉壯觀的蘇聯風格建築），就受到官員的熱情接待，並被帶往大樓的中央會議室。該組織向來活動頻繁，是海珊的石油工業中心，但這次拜訪似乎比以往更充滿幹勁。正如懷亞特親眼所見，這是海珊親自發起的大規模祕密企業賄賂計畫的總部。

前一年，當伊拉克官員告知沿海公司的代表，說他們正在建立一種嶄新的交易模式，懷亞特才知道有這些事情：任何外國公司只要想購買伊拉克的石油，都必須多付每桶石油十到五十美分的「附加費」。伊拉克堅持這筆錢必不可少，以支應聯合國拒絕補償的行政費用。此外還加了一項重要條款：不得將附加費轉入聯合國在紐約的託管帳戶，而必須直接付給另一個由伊拉克控管、位在黎巴嫩或約旦的銀行帳戶。對任何知悉「以油換糧」計畫的人來說，這種安排的意義顯而易見：縱使聯合國可能掌控伊拉克大部份石油收入，海珊卻要求賄賂來取得這些收入。懷亞特的兒子史蒂夫（Steve）曾以石油顧問的身份拜訪伊拉克數十次，他記得當時被告知，將要收取附加費。「我和伊拉克國家石油營銷組織開會時，他們跟我說：『史蒂夫，我們要改變政策了。』我說，什麼？他們說改變的地方在於，把錢直接匯到約旦的銀行帳戶。我知道這樣違反聯合國政策。於是，我說，哇，不用了，謝謝。我不想蹚這渾水。」

但史蒂夫的父親沒有退出。《德州月刊》（*Texas Monthly*）雜誌曾形容老懷亞特「比垃圾場的瘋狗還下流」，但他這個人不會因為挑戰而退縮。由於他最重要的石油來源處境岌岌可危，所以他親自造訪該組織，而不是把問題丟給下屬。那天接待他的人是伊拉克石油部長拉希德（Amir Rashid），也就是後來在「撲克牌通緝令」[1]上代表頭號要犯、名聲大噪的黑桃六。（他的妻子是一位化學武器專家，有「細菌博士」的名號。）不過他現在是懷亞特的熱情好夥伴，這個大膽的計畫，會將西方企業的數億美元直接送進伊拉克統治者的口袋。

懷亞特剛著陸不久，莫里克博士（Rehan Mullick）坐在巴格達聯合國綜合學科觀察所

1 編注：撲克牌通緝令（personality identification playing cards）是在美軍出兵伊拉克期間，由美國政府所設計、繪有人像在牌上的一套撲克牌，協助軍隊辨識海珊政府的成員。

（Multidisciplinary Observation Unit）的電腦前，苦思著一個棘手問題。莫里克來自巴基斯坦的拉合爾（Lahore），一九九九年獲得愛荷華州立大學的社會學暨統計學博士學位。他熱愛學校所在的埃姆斯（Ames），因此畢業後留在那裡，擔任美國農業部的勘測員。白天時，他在鄉村的小農場做測量，而傍晚時，妻子、小女兒以及舒適公寓迎接他返家。這樣的常規讓他怡然自得。

但莫里克卻在二〇〇〇年夏天接到一通扭轉他人生的電話：某個大學朋友問他，是否有興趣擔任聯合國「以油換糧」計畫的資料分析師。伊拉克經過十年嚴格制裁，人民處境水深火熱，聯合國希望發起史上最大規模的人道主義行動，相當於一千億美元。莫里克有機會參與這個偉大行動——只要協助監控流入伊拉克的貨物。莫里克說：「對剛畢業的新鮮人來說，去伊拉克為聯合國效勞的想法非常令人興奮。」他於是接下這份工作。

二〇〇〇年九月，這位年輕的博士登上飛往約旦安曼（Amman）的飛機，從那裡從陸路，開車五百英里到達伊拉克。一路上盡是制裁的後果：就在他途經之處，順著約旦的新鋪道路才進入伊拉克，一切變得殘破不堪；那是藥品、食物都非常匱乏的商店；那是嚴重缺乏電力和自來水的房屋。他也從街頭上找食物的孩童眼中看見慘況。兒童死亡率急遽上升，根據一項估計，每個月有將近五千名伊拉克兒童喪生[2]。

莫里克選擇接下聯合國的工作時，他希望自己能好好發揮技能、賺些錢，然後離開伊拉克。但當他在巴格達的辦公室安頓好，就開始疑惑伊拉克獲得的所有援助到底用在哪裡。他在讀社會學博士學位時，習慣用圖表呈現複雜的數字運算。他於是開始繪製圖表，記錄流入的貨物，並分發物資給民眾。他深入研究結果，卻像是霧裡看花：多達十億美元的援助資金根本就消失了。他說：「我這時才意識到計畫有問題，這整個計畫都是謊言。」

◆

杜爾弗（Charles A. Duelfer）與他的團隊進入了位在巴格達郊區的美軍基地卡柏營（Camp Cropper）拘留區。卡柏營有時候稱作「中央拘留所」，營區嘈雜又混亂。附近的

2 近年來，有幾項研究對制裁期間的伊拉克兒童死亡率提出質疑。

巴格達國際機場，飛機轟鳴聲持續不斷，隨著氣流撲面而來，而數百名被送進營地接受處置的囚犯，發出苦苦掙扎的吼叫聲。

杜爾弗的小組走到營區一個比較安靜的地方，美國人把最有價值的人拘留在此，包括海珊本人——該營區的居民將這區叫做「petting zoo—寵物園」。他們進入了一排低矮的建築，接著前往伊拉克前貿易部長薩利赫（Muhammad Mahdi al-Salih）的牢房——他在「撲克牌通緝令」上代表紅心六。

兩名美國軍人發現海珊的藏錢地之後，又過了十個月。調查行動已在伊拉克與華盛頓展開，將追溯金錢來源，以及這些錢如何支持海珊的大規模毀滅性武器。在大多數海珊內圈人士被關押的期間，美國中央情報局（CIA，簡稱中情局）首席武器檢察官——杜爾弗決心要讓這些囚犯講出海珊政權如何資助武器計畫。

「我知道要用某些方式得到數字，並研究他們如何將擁有的資源作為工具，如此一來，就能知道整個海珊政權的意圖，尤其是關於大規模毀滅性武器。」杜爾弗回憶道。當他找到這些數字時，囚犯所說的情況與他預想的天差地遠。

被關押的薩利赫原本非常頑固，但最後同意發言，不過他說的無關於生化武器或核武零件。他談到卡車——這些卡車是他的部門透過「以油換糧」計畫合法取得，然後由於明顯違反該計畫，卡車被轉交給伊拉克國防部以及情報局。

這不是杜爾弗需要的資訊，但顯然非常重要。有許多被關押者也證實了薩利赫的說法。一位高級貿易官員不僅證明這一點，還告訴杜爾弗，從二〇〇〇年八月開始，伊拉克貿易部按照海珊的明確命令，向每一家透過聯合國與伊拉克做生意的公司收取百分之十的賄款。

不久之後，杜爾弗找到了這個回扣計畫的佐證。那年八月，伊拉克副總統拉馬丹（Taha Yasin Ramadan）遵照海珊的指令，親自寄發一則備忘錄給伊拉克政府的所有部門。其中概述了「商業活動的額外收入」，指示各政府部門對代表聯合國提供人道救助的供應商強制收取回扣。這些供應商數以千計，其中包括嬌生（Johnson & Johnson）、富豪汽車（Volvo）以及戴姆勒克萊斯勒（DaimlerChrysler）等公司。這份文件非常不簡單，在以下這段描述「按合約給付海珊的賄款比例」中，如此膽大妄為且無恥：「食品與藥品的比例為百分之二至五……除了食品與藥品之外，其他所有貨品的比例為百分之五至十。」其中還清楚表示，與海珊做生意的供應商，理應清楚回扣的要求。即使沒有上千家，也有幾百家公司選擇付錢。杜爾弗的團隊還發現，同一時期海珊對他出售的每一桶石油也都徵收回扣。

「他們的精明手段，以及他們所創造的不同收益來源，讓我非常驚奇。」杜爾弗團隊的其中一位負責人齊德克（Steven Zidek）回憶道。

總體而言，在一九九六至二〇〇三年間，伊拉克在世界市場上售出了價值六百四十億美元的石油，並用這筆錢換得三百六十億美元的救助資源。藉由賄賂，伊拉克獨裁者不但獲得數十億美元現金，也竊取了價值數億美元的援助物資。

實際上，這個複雜的竊取系統可能的運作方式如下：某一年沿海公司以兩億五千萬美元購買一千萬桶石油，並將這筆錢存入紐約的聯合國託管帳戶。但另一方面，伊拉克官員要求沿海公司將另外五百萬美元的回扣（每桶五十美分）存入一個隱密的獨立帳戶，由海珊控管。同樣，富豪汽車可能賣給伊拉克貿易部兩億五千萬美元的車輛（據稱是用來分送糧食給人民），並把錢付到紐約的聯合國託管帳戶。接著，富豪汽車也將百分之十的費用轉入海珊控管的另一個銀行帳戶，金額是兩百五十萬美元。海珊除了回扣，還能竊取車輛到他的軍隊裡。

中情局局長泰內特（George Tenet）給杜爾弗下了指示，希望讓海珊那項謠傳的武器計畫「水落石出」。經過一次又一次面談，被關押的人都堅稱海珊從未有過那些武器，真相越來越得到調查團隊的證實。雖然企業賄賂並非杜爾弗的調查主題，但他決定循著這條金流追根究柢。

杜爾弗離開伊拉克時，他手下一千四百位伊拉克調查小組成員，已經完成了美國政府各部門對海珊政權倒台做過最全面的調查之一。調查小組發現，伊拉克最大的危機並非大規模毀滅性武器，而是以下事實：海珊透過史上最大規模的企業賄賂計畫累積了數十億美元，而順利祕密重建了他的軍事與情報部門，為戰後的毀滅性叛亂[3]奠定基礎。

3　編注：自二〇〇三年以美國為首的入侵一直到伊拉克戰爭結束期間，伊拉克各地的武裝叛亂份子皆有抵抗，又稱為「伊拉克遊擊戰」（Iraqi insurgency）。

世界歷史上最盛大的人道主義行動，因為簡單而淺顯的設計瑕疵，最後以失敗收場：海珊得到所有承包商的控制權——即控制伊拉克出售石油與購買人道物資的對象。「這表示人員與公司都必須爭取海珊的批准，導致整個系統向行賄者敞開大門。」科姆拉斯（Victor Comras）說道，他曾在二〇〇〇年代初期為美國國務院從事伊拉克制裁方面的工作。這不但讓海珊得以支持某些公司與國家（例如俄羅斯與法國，兩者皆為聯合國安全理事會成員，與伊拉克一樣反對制裁）也讓特定人士受益。

杜爾弗從取得的文件中，找到海珊石油受益人的祕密名單。伊拉克石油的買家之中，有三家美國企業巨頭：雪弗蘭、埃克森美孚和艾爾帕索公司（El Paso Corporation）。不過，還有一個名字比上述企業更常見：懷亞特。聯合國「以油換糧」計畫分為六個月的階段進行，海珊在此期間獲准出售石油。懷亞特在這所有十三個階段之中，得到了最大的個人石油特許權，共計七千四百萬桶。其實從「以油換糧」計畫以來，第一艘離開伊拉克的油輪就是懷亞特的。嚴格說來，懷亞特從伊拉克購買石油並沒有違法。至於非法的部份，正如杜爾弗取得的伊拉克石油部文件——懷亞特為了拿到石油，給了海珊七百萬美元的賄款。

懷亞特與伊拉克政府長期關係密切，所以他得到大量的石油特許權並不足為奇，但令人震驚的是，整個「以油換糧」計畫的負責人塞萬（Benon Sevan）竟然也出現在祕密保證名單之上。

塞萬是塞普勒斯共和國的公民，由聯合國秘書長安南（Kofi Annan）在一九九七年親自選為「以油換糧」計畫的領導者。塞萬一九六八年加入聯合國，其職業生涯多半在此度過，協助在世界上最危險的某些地方執行任務，包括索馬利亞、伊朗和阿富汗。他將近七十歲時，是公認代表聯合國高效、正直的典範。

但一九九六年以後的某個時間點，海珊將塞萬列入了他的祕密石油名單。塞萬逕自向伊拉克石油部推薦某些公司，希望讓這些公司購買石油配額。海珊將塞萬推薦的公司列入石油部的檔案，後面用括弧附注塞萬的名字。調查過程中，杜爾弗發現伊拉克副總統拉馬丹只要看見塞萬批准的公司，就會主動發布命令，給予該公司石油特許權。最終伊拉克的記錄顯示，與塞萬有掛勾的公司共計購買了七百二十九萬一千桶石油，並以一百五十萬美元的利潤出售。

「塞萬原本是個老實人，他想讓體制運作起來，但他卻目睹體制分崩離析。他看到每個人都在賺錢，然後暗想，可惡，我為什麼不大幹一票？」科姆拉斯說道。

◆

當塞萬忙著成交時，莫里克的調查行動卻越來越不樂觀，因為他發現海珊的情報員與黨眾已經滲透到「以油換糧」計畫的核心。這些人在他的辦公室工作，就在他身邊：海珊政權副外交部長的女婿、前大使的兒子、退休情報員的兒子、阿拉伯復興社會黨（Baath Party）其他成員的親戚，以及高級官員的女兒也在其中。聯合國對伊拉克政府倉庫進行檢查的清單，他們全都有權限取得。這表示他們能通風報信給復興社會黨的盟友，並在檢查員到達前先行藏匿非法取得的貨物，或是演一齣讓那些東西（贓物）備待檢驗、卻隨即被盜的戲碼。

莫里克發現物資下落不明，不只是鉛筆或一瓶瓶安舒疼（Advil）止痛藥，還有數以千計的發電機、電池、馬達零件，以及令人吃驚的汽車、皮卡車和四輪驅動卡車。他透過在聯合國的伊拉克熟人與消息人士，追蹤到車輛流往何處：這些車輛被積存並移交給海珊的軍事與情報部門、伊拉克軍事情報局（Mukhabarat），以及阿拉伯復興社會黨的忠誠者。有些派往伊拉克運送食物的皮卡車，設計得相當不錯，既能拉大炮，又能安裝重機槍。從國際社會的角度來看，伊拉克軍方運用「以油換糧」計畫的資源，重建軍事後勤隊列——但這卻是該計畫本來要遏止的事。

莫里克反覆思慮，權衡自己的職業生涯，以及對聯合國與伊拉克人民可能造成的影響，最後他寫了一份調查報告，靜靜等待回應。結果無人理睬。「我只是個透明人，握有很多數字，嚷嚷著有人犯規。」莫里克如此形容。結果他發現自己的職務突然有了變化。他被掉離資料庫分析的工作，然後被分配去編輯與他工作內容無關的報告，或者在會議上操作投影機。

二〇〇二年，一名年輕的伊拉克士兵在聯合國駐地的視線範圍內自殺身亡，他曾經保衛莫里克及其團隊多年。對莫里克來說，這是毀滅性的徵兆，表示他竭盡心思投入的聯合國計畫徹底失敗，因為這項計畫號稱提供人道主義救濟，卻無法改善這名伊拉克士兵的生活。「這非常令人痛心，沒有人能為整件事情辯護，簡直是從一個缺乏基本需求的人身上偷東西。」莫里克說道。他受夠了。於是他偷偷打包了一個裝滿聯合國文件的袋子，在巴格達買了機票，前往紐約聯合國總部。

◆

二〇〇四年十月，杜爾弗這份長達九百一十八頁的報告引發了一場政治旋風。美國司法部、財政部和六個國會委員會，以杜爾弗提出的大量線索作為基礎，展開前所未有的一系列調查。由於最高級的官員名譽掃地，聯合國指派了自己的委員會，由美國聯邦儲備（Federal Reserve）的前主席沃克（Paul Volcker）領導。當伊拉克的叛亂活動全面爆發，歐美企業賄賂在暴力煽動中所扮演的角色，將招致更多質疑。但就當時，所有調查行動都聚焦在兩個人身上：塞萬與懷亞特。

調查員與沃克帶領的委員會合作之下，發現塞萬從一家名為「非洲中東石油」（AMEP）的公司收到十六萬美元現金。該公司出售伊拉克石油（取自海珊給塞萬的配額）後才支付這筆錢。沃克的委員會發現，塞萬也允許其他公司從中獲利。回扣報告曾經好幾次送到他的眼前，早在二〇〇〇年就有類似通知，具體陳述幾家涉案公司的名稱與銀行帳戶，但塞萬沒有採取任何行動。與此相反，他在提交給聯合國安全理事會的定期報告中，對於回扣的指控隻字未提。

二〇〇五年七月初，塞萬在接受調查期間逃離美國，前往塞普勒斯。一個月後，沃克的委員會正式指控他受賄，褫奪他的外交豁免權，使他面臨刑事起訴。

沃克的報告還顯示，失職的人不只塞萬一個。許多聯合國高級官員，包括安南秘書長及其副手弗雷歇特（Louise Fréchette），非但不遏止賄賂與貪汙，就連已經掌握確切資訊的情況下也一樣，將貪汙細節藏在沉默的屏障之後。羅伊斯議員（Edward R. Royce）後來評論道：「隱瞞這些資訊這種醜聞，簡直堪比『以油換糧』計畫本身。」

「以油換糧」計畫的聽證會開始時，莫里克成為關鍵證人，說出一些極具破壞力的證詞。二〇〇五年三月十七日，莫里克描述了自己曾嘗試與聯合國討論貪汙問題，卻好幾次都得不到回應。不過，他終於設法在二〇〇二年十月一日安排與聯合國高層的會議，地點是紐約聯合國總部的內部監督事務廳。正如莫里克的報告多次提及，他在過去兩年發現表裡不一的情況相當嚴重。當時他相信聯合國官員會持續追蹤他的調查成果，但再一次，沒半個人回應，他最後獲得聯合國的回覆時，是通知被解雇了。

莫里克失業之後為了養家糊口，苦苦掙扎多年。他希望公眾憤怒能讓他的老東家徹底改革。他告訴國會委員會：「他們的管理是老派黑手黨式的，善良正直的職員要不是飽受屈辱，就是注定被解雇——這樣的聯合國必須讓步，變得更開放、透明與民主，以便讓我這種普通百姓能回到那裡老實工作。」

「我回顧一切，我覺得自己一直都做對了，」莫里克回憶道：「如果當初我留在聯合國，現在會變成高級官員。但沒有人想踩著飢民們往上爬。我很慶幸自己選擇離開。」

「以油換糧」計畫的慘敗，不僅玷污聯合國聲譽，也讓西方企業這個貪婪的世界奇觀攤在陽光底下。國際透明組織[4]形容「以油換糧」計畫的核心正是賄賂，「這是我們這個時代最大的貪汙醜聞之一，涉及了數千家公司。」

二〇〇五年十月二十一日，在休斯頓最高檔的住宅區內，聯邦探員包圍懷亞特的豪宅，將這位八十一歲的億萬富翁收押。隔天，紐約聯邦法院因他使用美國銀行將賄款轉交伊拉克政權，將他以電匯欺詐的罪名起訴。懷亞特此後兩年都在打官司，這是聯合國醜聞中絕無僅有的審判案件。

懷亞特的兒子史蒂夫表示判決有失公正，因為只有他的父親被挑出來起訴。「又不是我父親一個人幹的，但他唯一被起訴的人。」史蒂夫說。根據杜爾弗、沃克與其他人的統計，付給海珊十七億美元回扣的全部公司，一共是兩千兩百五十三家，分別來自六十六個國家。這占「以油換糧」計畫中所有簽約公司的一半[5]。美國企業雖然只占總額的一小部份（也許有三千五百萬美元），但其中某些企業名列「財星五百強」，包括嬌生、通用電氣（General Electric）與雪弗蘭。

杜爾弗與沃克委員會收集到的證據，以及司法部與證交會隨後的調查顯示——與海珊做生意的公司應該都知道自己在行賄。

伊拉克官方明確表示，如果公司想要贏得合約，就必須先抬高合約的價格，其中包含額外的賄款，並將那筆款項存入一個祕密帳戶。國會聽證會舉出一個鐵證，說明某家公司如何遵守他們的規定——那家公司是大型蘇格蘭上市工程企業偉爾集團（Weir

4 編注：國際透明組織（Transparency International）總部設於德國，是專門監察貪腐的國際非政府組織。

5 根據沃克委員會公布的數據，大約有四千五百家公司參與聯合國的計畫。

Group）。美國參議院常設調查小組委員會的格羅夫斯律師（Steven Groves）在參議院聽證會上表示：「偉爾集團本來能夠拒絕抬高合約金額，本來能拒絕償還伊拉克政府的任何款項，本來也能夠做決策讓業務移轉到他處。但很不幸，偉爾集團同意遵守伊拉克的新要求，至於『以油換糧』計畫的其餘部份，偉爾集團將十五份合約都抬高百分之十一至十四的價格，以柯新金融有限公司（Corsin Financial Limited）的名義存入日內瓦的銀行帳戶，這家公司除了這個銀行帳戶之外根本沒有其他東西。」

史蒂夫表示，他的父親知道向海珊政府行賄是非法的，但這樣做是為了在這個賄賂氾濫的市場中保持競爭力。「就像是類固醇：大家都在用。你如果不用就會被甩在後面。當時的想法是：『如果埃克森美孚和雪弗蘭都在行賄，我們怎能不做？』這根本是家常便飯。」

明尼蘇達州共和黨參議員科爾曼（Norm Coleman）得知伊拉克受賄的規模之後，問道：「難道沒有人抱怨付回扣這件事嗎？我的意思是，在企業環境之下總會有個道德人士跳出來說，喂，這樣不對。有沒有人反對過？」格羅夫斯回答：「由於幾乎沒人會拒絕這些事，所以我們沒有找到任何支付回扣的相關投訴。」

事實證明，美國企業向伊拉克官員行賄，不僅是為了討好海珊，也是為了防止競爭對手贏得合約。貪汙還讓伊拉克充斥著成千上萬過期、不合格的劣質產品。正如格羅夫斯的證詞：「要知道，按合約給海珊的每一塊錢，都不會用來給伊拉克人民購買人道物資、食品、藥品或其他東西。」

杜爾弗之後在國會上作證，這一切最驚世駭俗的結果，就是海珊本人重新得到了制裁所限制的東西：數十億的強勢貨幣、民眾對他的支持，以及最重要的——在世界範圍的影響力。

一九九六年，伊拉克的經濟一團糟，海珊為了生存而戰。可是，黑錢的湧現為他的政權和日漸衰弱的軍隊注入了新的資金。杜爾弗發現，光是海珊的國防部就從聯合國竊取了價值十四億美元的重要裝備。企業賄賂還提供了海珊軍隊重要的現金。杜爾弗算出，光是伊拉克軍事工業化委員會的預算，就從一九九六年的七百八十萬美元暴增至二〇〇三年的五億美元。屆時大家將明白，海珊會用這些黑錢報復入侵的美軍與聯軍。

杜爾弗在巴格達期間巡視卡柏營的拘留室時，從侃侃而談的一些對話中得知，伊拉克獨裁者早在美國入侵前夕就醞釀出某些陰謀。前軍事工業化部長胡魏許（Abd-al-Tawab Abdallah Al-Mullah Huwaysh）在黑漆漆的牢房中告訴杜爾弗——海珊二〇〇三年面對無可避面的入侵時，態度相當輕鬆。

事實上，伊拉克在二〇〇三年三月下旬召開的最後一次部長會議上，這位陷入困境的獨裁者說了一句話，讓胡魏許震驚不已：「堅持一個星期，之後我自有辦法。」伊拉克官員普遍認為他的意思是，他確實擁有美國人避之唯恐不及的大規模毀滅性武器——而且他打算使用這些武器。

不過，當杜爾弗設法證實這個消息，才發現海珊的計畫其實並不包括用化學武器轟炸入侵的美軍，因為他根本就沒有化學武器。反之，他透過精心策畫的叛亂來壓制美軍，並慢慢擊斃對方。杜爾弗後來在報告中寫道：「海珊認為，伊拉克人不會讓美國就此占領或征服，而是會反抗，於是促成叛亂。」這項計畫名為「挑戰計畫」（Challenge

Project），杜爾弗從前伊拉克情報員（他隱瞞這些人的身份）那裡得知，這項計畫由伊拉克情報局的一個特別組織主導，該組織被稱為「M 14」或「特種作戰局」（DSO）。

根據一份美國國防情報局的報告，二〇〇二年秋季，海珊命令一千兩百名情報員，在巴格達附近的薩爾曼帕克（Salman Pak）和比斯馬亞（Bismayah）兩個基地接受M 14的特種遊擊訓練。這些「年輕有為」的隊員來自軍事情報局和伊拉克情報局，每個人都配有一組編號與化名，且「受命做足準備，以便在政權垮台後重建門路」，該報告如此陳述。

就在美國入侵伊拉克的前幾週，海珊命令新訓練的遊擊隊分散「到主要城市，以協助地方政府保衛城市，並發動襲擊」。他們接獲命令，開始策畫爆炸攻擊。M 14的炸藥組花了好幾天製作數百套自殺式背心與腰帶。二〇〇四年五月，美國國防部副部長伍佛維茲（Paul Wolfowitz）首次公開發表「挑戰專案」相關談話，強調其致命影響：「M 14負責規劃路面上的土製炸彈（IED），以及一些大型汽車炸彈，這已經殺死許多伊拉克人、美國人和其他外國人。」

美國二〇〇三年五月入侵伊拉克，當時只有五十四名美國士兵受傷。到二〇〇四年十一月，即杜爾弗發表報告後不久，土製炸彈已讓每月受傷人數攀升到一千兩百一十四人——美軍在該月的傷亡人數，是整場戰爭期間最多的。「讓我說清楚，」伍佛維茲聲明：「包括海珊在內的敵人，在背後不斷支持對聯軍的襲擊，直到他二〇〇三年十二月遭捕。」

二〇〇四年十一月，時任參議院常設調查小組委員會主席科爾曼，對海珊的黑錢深表關切。在關於「以油換糧」計畫的聽證會上，他說有可靠消息來源（他沒有公布姓名）向委員會提出指控，稱黑錢已經從該計畫轉移到海珊政府。「問題就在於，海珊數十億美元去哪了？今日，這些錢是否被用來煽動叛亂，奪走一千多名美軍、聯軍、婦女與我們數千名伊拉克盟友性命？」

西方企業為討好海珊支付的數百萬賄款，很可能資助了為這場暴行。科爾曼和其他人認為，有必要追查海珊的錢，為此，小布希政府的首席金融調查員（包括美國財政部與國家稅務局）被要求在國會作證。在伊拉克當地的調查員發現，由海珊控管的掩護公司[6]利用「以油換糧」計畫的賄款，來採購最終可能落入叛亂份子手中的武器。

在美國財政部負責恐怖主義融資暨金融犯罪（TFFC）的助理薩拉特（Juan Zarate）作證說，

有一家名為「阿爾巴夏」（Al-Bashair）的掩護公司，曾利用企業回扣弄到導彈零件與監視設備。「這些資金的某些部份可能最後進到金庫裡，而現在能用來助長伊拉克內外的叛亂活動與恐怖主義。」薩拉特對聯合國的回扣問題做出結論。

其中有個事件，特別令人懷疑海珊拿到的賄款助長了叛軍對美國的攻擊。二〇〇三年三月十八日凌晨四點，在美國展開轟炸行動的前幾個小時，海珊三十七歲的兒子庫賽（Qusay）在海珊的私人助理哈穆德（Abid al-Hamid Mahmood）陪同下，抵達巴格達的伊拉克中央銀行。庫賽（後來成為重要的叛亂領導人）帶來五十名助手、三輛平板卡車，以及他父親的手寫信——這封信指示中央銀行負責人以薩（Isam Rashid al-Huwaysh）從銀行金庫中提出九億兩千萬美元和九千萬歐元，並轉交庫賽。這筆錢用百元鈔票整理，裝入兩百五十個金屬箱，然後搬上卡車，需要工人花數小時才能完成。隨後，庫塞帶走現金並人間蒸發，消失在《紐約時報》（*The New York Times*）稱之為「史上最大的銀行搶案」中。

6 編注：掩護公司（front companies）可用於隱藏母公司身份、逃避法律責任。

美國情報員後來獲悉，這筆錢將近十億美元，是海珊隱匿的黑錢池的其中一部份。二〇〇三年三月初，海珊為了保護資產，命令所有政府部門，將海外帳戶的錢轉回伊拉克中央銀行。實際轉移的金額尚不清楚，但這些錢都是從相同的帳戶提取，分別在約旦與黎巴嫩的拉菲丁銀行（Rafidain）以及拉西德銀行（Rasheed）。海珊政權曾在這兩家銀行祕密持有回扣存款。這些錢在伊拉克匯集之後，海珊下令將其中九億兩千萬美元與九千萬歐元從銀行全數提出，以防止美國人到達後將這筆錢銷毀或沒收。海珊的助理哈穆德親眼看見他寫銀行匯票。一直到兩名軍士破門而入，闖進伊拉克領導人曾待過的宮殿外別墅，查獲了七億六千萬美元之後，庫塞的大批贓物才為公諸於世[7]。目前尚不清楚其餘一億六千萬美元與九千萬歐元的下落，不過美國官員認為他用這筆錢資助叛亂活動。

◆

海珊收受的數億企業賄款（有大部份未被查獲）實際上有多少送到伊拉克叛亂份子的手上？答案撲朔迷離。聯合國的「以油換糧」事件，引發了更多令人憂心且無法回答的問題，但由於伊拉克遭受的破壞日益嚴重，公眾對此相當憤怒，所以這些問題很快就成了過眼雲煙。沃克委員會的報告就算打穩了全面起訴的基礎，但清算的日子卻遙遙無期。

塞萬失去外交豁免權後，麻煩接踵而至。二〇〇七年一月，聯邦檢察官在曼哈頓將起訴書拆封，以七項與收受回扣有關的賄賂罪名指控他。他目前為止成功避開起訴，因為塞普勒斯與美國沒有引渡條約。從那時起，塞萬幾乎沒有公開發言。一名曾在塞普勒斯追蹤他的記者發現，他公然過著安適的生活，且持續否認自己是現代歷史上最大企業賄賂醜聞之一的核心角色。

懷亞特曾極力反駁指控，甚至聘請黑幫大老高提[8]的辯護律師。但他失敗的原因，

---

7 根據杜爾弗的報告，從中央銀行劫走的十億美元多半已追回；美國官員接受ＡＢＣ新聞（*ABC News*）採訪時，也表達同樣的觀點。由此可見，上士布夫和三級軍士長埃斯所找到的錢，主要是庫塞竊取的十億美元。

8 編注：約翰．高提（John Gotti）是美國黑幫、甘比諾犯罪家族的老大。他行事高調，曾被控告多個罪名，但後都能全身而退。

是因為有關鍵證人——他們二〇〇七年九月在曼哈頓聯邦法庭作證，包括幾位曾在伊拉克國家石油營銷組織總部工作的官員。他們的證詞，是伊拉克官員有史以來第一次公開談論石油回扣核心所隱藏的大規模貪汙系統。

伊拉克國家石油營銷組織的前財務官雅庫布（Yacoub Y. Yacoub）供稱，伊拉克的貪汙體系在二〇〇〇年已經變得如此廣泛且制度化，而且該組織還設有專門追蹤、分析和管理貪汙的完善部門。這一個回扣部門不僅擁有專門人員，還有可供搜尋的資料庫，能查找已付數百萬美元給海珊政權的所有公司，包括懷亞特的沿海公司。當巴格達被攻陷，混亂席捲整座城市時，雅庫布小心翼翼備份了該資料庫。（由於資料內容包括走私，再加上證詞，雅庫布其實身處險境——他成為海珊政權的叛徒，所以再也無法回伊拉克。事實上，雅庫布在證人席與另一名證人穆庫德爾〔Mubdir al-Khudhair〕透露，美國檢察官幫助他們飛離巴格達，給他們綠卡，還幫他們支付在美國的永久移居費用。）

雅庫布出庭作證時，檢察官遞給他一台筆記型電腦，裡頭有一份伊拉克賄賂資料庫的副本。他輸入沿海公司的名稱給陪審團看，緊接著出現懷亞特用來行賄的不同掩護公司名稱。總而言之，雅庫布證實懷亞特向海珊及其政權賄賂了七百萬美元。

假使五項罪名全部成立（包括與敵方交易和違反伊拉克禁運規定），懷亞特將面臨七十年的牢獄之災。二〇〇七年十月一日，也就是審判的第十四天，他推翻自己的認罪答辯。他在美國聯邦地區法院的陳卓光法官（Denny Chin）面前，對法院說：

> 二〇〇一年十二月前後，我與其他人一致同意二十二萬歐元的附加費……存入約旦國家銀行的銀行帳戶，由伊拉克國家石油營銷組織官員控管……這筆款項違反聯合國「以油換糧」計畫，因為該計畫要求所有款項都應該直接支付給紐約的託管帳戶，而不能直接支付給伊拉克政府。

最後，懷亞特始終沒有承認杜爾弗所揭發的所有七百萬美元賄款。他只承認自己犯下電匯詐欺罪，並同意沒收一千一百萬美元，以及判處一年徒刑。刑期比聯邦量刑準則建議的下限少六個月，但陳卓光法官表示，因為收到了排山倒海而來的「驚人信件」，他被說服從寬量刑。當時八十三歲的懷亞特，在距離他家不遠的德州博蒙特

（Beaumont）最低安全級別監獄服刑[9]。他成了衰落時代的象徵——在那個時代，企業能自由支付回扣而不必擔心有報應，因為《海外反腐敗法》只是個沉默的法條。懷亞特的入獄，引發了一種新的反賄絡執法制度，從美國開始蔓延至全世界。正如他的兒子史蒂夫所說：「他是個重要的測試案例。」懷亞特二〇〇八年十一月獲釋，此後他對「以油換糧」事件絕口不提。

◆

伊拉克戰爭是一場真相矛盾的戰役。杜爾弗及其團隊發現，伊拉克其實沒有大規模毀滅性武器，以及另一個真相——正如《華爾街日報》（*The Wall Street Journal*）形容，這其實是「世界歷史上規模最大的賄賂陰謀」。對美國來說，這是決定性的政治時刻，不只是因為這場當代最慘烈的戰爭，也是因為它迫使美國思考企業藉賄賂影響國際情勢的力量。西方企業顛覆了這個成功的制裁系統，有效幫助海珊獲得他原先可能無法找回的破壞力。

如果「以油換糧」計畫不被賄賂醜聞破壞，那還會有叛亂嗎？有證據指出，叛亂的領導人——尤其是海珊的兒子、親戚以及他的情報與軍官親信，後來都成為敘利亞伊斯蘭國（ISIS）領導階層的一份子。伊斯蘭國最初的資金來源仍是個謎，不過，如果有些西方賄款支持了伊拉克的叛亂，那其中一些也可能是伊斯蘭國的成立資金。杜爾弗想過這種可能性：「給下一代的伊斯蘭國提供了沃土。無論他們先前是何種融資結構，現在可能已逐步發展，提供伊斯蘭國啟動資金。」他補充道：「杜里（Izzat Ibrahim al-Douri）持續以某種方式資助自己。」杜里是「撲克牌通緝令」的「梅花K」，也是海珊的高級軍官之一，曾經躲避美國入侵並在敘利亞建立叛亂組織因而臭名昭彰。杜里的民兵部隊現在被視為伊斯蘭國的盟友，並在二〇一四年協助該組織橫掃伊拉克西部和北部。

西方企業也許會狡辯，自己不過是在交易的過程中行賄。但錢付出去之後，關鍵問題依然存在：錢去了哪裡？在最好的情況下，那些「以油換糧」的賄款會祕密運出伊拉克，讓前海珊的黨羽在西方過上奢華生活；而在最壞的情況下，這筆錢被用於資

9 編注：此級別監獄中的囚犯公認危害較小，因此警戒程度較低。

助自殺炸彈客，殺死美國人。伊拉克的錢箱突顯了一項事實：行賄很少只是商業交易。那些錢的影響力，遠遠大過行賄公司所願意承認的。對海珊行賄的公司，正如杜爾弗的觀察：「他們做出自己的小小決定，然後，你把這些決定全部加在一起，就會產生巨大的結果。」

在伊拉克，企業賄賂的巨大結果，不純粹是授予獨裁者權力，還可能為叛亂提供資金。最終的後果是，企業參與者破壞了全球民主本身的基礎。全球有兩千兩百五十三家企業選擇背棄法治，這一項事實不但傾覆了世界各個民主國家所擁護的理想、法律原則與人類價值觀，也傾覆了自由市場體制的根基。顯然，為防止這類醜聞而制定的《海外反腐敗法》和《經合組織公約》在當時比以往更具意義——然而它們卻沒有發揮效用。

美利堅大學研究企業貪汙的學者金雨珍（Yujin Jeong，音譯）指出，《經合組織公約》在「以油換糧」醜聞當中，幾乎沒有約束賄賂的作用。金雨珍分析了一組「在伊拉克的外國企業」樣本，按企業原籍國是否有簽署《經合組織公約》將樣本分為兩類。她發現，原籍國並未簽署《經合組織公約》的一類企業，有百分之七十一曾為合約行賄。

這或許不足為奇。但令人訝異的是，即使在企業原籍國（如美國、法國、德國與英國）有簽署公約的那一類，也有百分之五十八曾行賄。至少在二〇〇〇年代初期，《經合組織公約》的威懾效果根本微不足道。

雖然《經合組織公約》那時才生效沒幾年，但「以油換糧」計畫開始時，《海外反腐敗法》已有二十多年歷史。在這樁醜聞許多令人不安的因素之間，《海外反腐敗法》儼然是一項「沉睡的法律」——原因不是沒有企業賄賂能起訴，是因為「起訴賄賂」根本就不是美國政府願意提供資源支持的要務。

自一九七七年，美國司法部內部只有一個部門專門處理《海外反腐敗法》案件，負責人就是最初協助實施《海外反腐敗法》的資深律師克拉克。基本上，克拉克是一人團隊，他證明自己破釜沉舟的決心，將《海外反腐敗法》的起訴延續了數十年。早在二〇〇〇年代初，克拉克曾透過一、兩位專門檢察官的幫助，起訴許多《海外反腐敗法》重大案件。但他分身乏術。司法部高層心知肚明，如果要有效執行《反海外腐敗法》，正如「以油換糧」醜聞所顯示的當務之急，就必須多添人手。

「克拉克他自成一格，」二〇〇二年加入美國司法部詐騙組的佩勒提（Paul Pelletier）

回憶道：「他在這領域的經驗豐富，為《海外反腐敗法》單位帶來威信，但執行效率卻不高。因為他手下只有一位專門負責此事的檢察官，他已經用盡一切方法了。」

二〇〇五年，克拉克離開司法部，開始私人執業律師的工作，而詐騙組則引入了新的管理人員。邁阿密的前檢察官蒂勒（Steven Tyrrell）也參與該準備計畫，他驚訝地發現，儘管有許多潛在的《海外反腐敗法》案件，司法部卻沒有專門律師。蒂勒說：「我剛開始擔任組長時，律師似乎無時無刻都對他們自己的幻想萬分滿意。」他委託一些律師專職處理《海外反腐敗法》事務，並敦促他們更積極提出公訴。在此過程中，司法部與證交會建立了更緊密的關係，後者也更加重視國際賄賂案件。美國證交會早在二〇〇四年就開始發出傳票，給許多證實曾賄賂海珊的公司。隨著司法部與證交會合作，加上聯邦調查局的介入，賄賂調查將會越來越頻繁。資源共享有助於聯邦執法機關追查沃克委員會所發現那些更嚴重、更複雜的指控。

隨著越來越多國家簽屬《經合組織公約》，名為《司法互助條約》（MLATs）的證據共享協議也開始有成果。過去，主權國家始終不願在賄賂調查中分享關鍵證據，或者只是缺乏這麼做的法律機制。「沒有自願呈報的消息，」克拉克回想起一個典型例子，他說：「我們追查一筆賄款，已經追到一家瑞士銀行的門口。瑞士人說『我們非常想提供幫助』。」可是瑞士法律禁止他們這樣做。如今有了《司法互助條約》，證據得以自由跨境流通。

美國司法部在短時間內，收取數十億美元的罰款，並對全球一些最大型的企業的賄賂定罪，包括英美航空業巨頭「英國航太系統」（BAE Systems），哈里伯頓（Halliburton）的子公司「凱洛格—布朗—魯特公司」（KBR），以及德國工業巨頭西門子公司。尤其是西門子的和解協議，是創記錄的十六億美元罰款，設下《海外反腐敗法》新的執行標準。這也促成聯邦調查局內一個新部門的誕生。「我們正努力為國內貪汙整合我們的資源——更別提國際貪汙了，」時任聯邦調查局華盛頓分局副局長伯西奇尼（Joseph Persichini）回憶道：「突然之間，司法部挺身而出，叫我們必須調查國際貪汙。」西門子案件的規模之大無法忽視（涉及賄賂數十國的政府高官）。國際賄賂成為聯邦調查局的當務之急。「我們搞清楚狀況，然後說『來找些人手，事不宜遲』。聯邦調查局於是增加了一個完整的小組，有十到十五位特務來專任處理。」

《海外反腐敗法》起訴的新時代在瑣碎的細節中揭開序幕（多虧數百項新調查的

數千頁法庭文件記錄），包括現代企業賄賂系統與其中相互聯繫的各部份，看見這一切的運作方式——曾經行賄的西方企業，它們行賄的理由以及隱瞞賄款的方法；企業經常雇用中間人來代理海外的大規模賄賂業務；外國官員用來收受賄款、洗錢和利用賄款的企業、法律與金融機構。仔細研究這個系統的實際運作，就能看出這類犯罪的性質，其實與起訴形式存在著巨大脫節——當然還包括賄賂對外國受害者那份常被忽視的隱性損害。

世界製藥巨頭的故事，生動說明了賄賂系統的第一部份——也就是企業本身。在一場激烈的銷售與角逐賽中，那些人進行超乎尋常的賄賂，並用超乎尋常的手段藏匿賄款，就發生在全球最大藥品市場：中國。

第二章

回扣系統
The Kickback System

藥品市場在中國

幕後中間人

奈及利亞億萬船屋

台灣
日本
中國
美國
奈及利亞
巴林
英國
阿根廷

勞斯萊斯
賽諾菲
輝瑞
必治妥施貴寶
諾華
葛蘭素史克
美國鋁業
巴林鋁業
洛克希德
挪威海德羅
幾內亞鋁土礦公司
西門子
雪弗蘭
殼牌石油
奈及利亞國家石油公司
巴克萊銀行
幾內亞礦業

4

藥品市場在中國

HAPPY FOOLS

在中國，當醫生是種恥辱。一面是政府的低薪，一面是大藥廠的加菜金——許多人放棄了道德理想，寧願當個快樂的傻子。

在中國東部城市杭州的一條小街上，麗娟（化名）站在一家時尚咖啡店外等候。杭州市有兩千一百萬人，高樓林立，富有而繁榮，街道上四處穿梭著瑪莎拉蒂（Maseratis）和特斯拉（Teslas）。隨著中國大城市收入成長，人民在醫療衛生上的支出比以往更多。二〇一五年，中國光是在藥品上就花費一千一百五十億美元，僅次於美國。隨著利潤飆升，全球頂尖的製藥公司都想在市場上分一杯羹。默克（Merck）、賽諾菲（Sanofi）、輝瑞以及多數大製藥公司，都在杭州市設有銷售代表，他們從醫院到另一家醫院、醫生到另一位醫生，推銷外國製造的產品。麗娟就是其中之一。最近她在某個秋天午後，同意談談自己行業的祕密面向：賄賂。但只有在不透露她與雇主的真實姓名的條件下，她才願意發言。她的公司總部位在歐洲，二〇一四年在中國的銷售額超過十億美元，而在全球的銷售額接近一百五十億美元。

中國藥品銷售代表都是年輕貌美的女性，這是老生常談。但就眼前，事實果真如此。麗娟三十歲出頭，嫵媚動人，身穿時髦的皮夾克、黑色長褲和高跟鞋。她一頭吹整過的齊肩長髮，她在這場中國藥品戰爭中看起來不像是步兵，而更像模特兒。雖然她熱情友善，但她不會逗留太久，因為她在這個話題在中國變得非常危險的時候，選擇與我談論。

十年多來，全球領先的製藥公司，包括必治妥施貴寶（Bristol-Myers Squibb）、禮來（Eli Lilly）、諾華（Novartis）、阿斯利康（AstraZeneca）、葛蘭素史克（GSK）、賽生（SciClone），每一家都使出所想像的到最粗俗的手段，在中國創造數十億美元的財富：收買數千位中國醫生，開處方時不用競爭對手的產品，而是用他們的。

企業賄賂計畫，通常涉及了大企業為了贏得合約，給高官一大筆錢——例如，給巴林王國首相、奈及利亞州長的數百萬美元，這將在後續兩章說明。不過，賄賂規模也時常較小。在中國，許多公司不斷小額付款（micropayments）給基層醫生。有時候，製藥公司甚至沒有支付現金，而是提供香菸、招待脫衣舞夜總會或迪士尼樂園。像麗娟這樣藥品銷售代表大軍遍布中國，負責處理賄賂事宜。這種賄賂當然不像大規模貪汙那樣驚心動魄，但由於許多製藥公司行之有年，中國有眾多醫生受牽連，因此影響力仍非同小可。正如杜爾弗對賄賂發出的警告：這些看似微小的決定，疊加在一起就成為巨大的結果。

目前中國製藥產業因為這些行為動盪不安，而經過多年的無視，美國與中國政府已經與製藥公司開戰。二〇一〇年，美國的執法機關發起全面鎮壓，起訴如輝瑞、禮來等業界龍頭，處以數億美元的罰款，並在公開文件中首次揭露了業界賄賂的卑劣細節（根據《海外反腐敗法》，中國國有醫院的醫生即公務人員）。給醫生的回扣導致中國政府開支增加，每年花費數十億美元補貼基本醫療保險，以補足一般民眾的沉重醫藥費用。藥品、醫療的高昂費用以及相關的賄賂行為，激怒了社會大眾，引爆數千起對醫生的暴力攻擊。習近平主席大舉打擊貪汙，參與其中的外國製藥公司高層、當地銷售代表和醫生已經全遭逮捕。

但正如麗娟所說的，雖然各方為此付出諸多努力，但被迫轉為地下活動的賄賂仍繼續發生。

在中國對醫生行賄似乎相當容易，而且相較下也沒什麼壞處。不過，每年有數千筆非法款項要管理，還得騙過製藥公司原籍國的投資者與監管機關，這些操作其實相當複雜。儘管製藥公司表面上從事醫療業務，但賄款長久以來損害中國的醫療體系，使醫生的決策能力受損害，並可能危及患者健康。

麗娟略帶一絲尷尬地苦笑著，她靠著椅背解釋，這些大製藥廠如何又為何，要在全球最活躍的製藥市場上、在最先進藥品的銷售上，使用這種低效而有害的系統，而非其他創新的策略。

◆

多達數百萬的中國病患亟需品質更好的西藥，而西方製藥公司也迫切需要中國市場來增加利潤。在整個二十世紀大半，製藥績優股公司幾乎沒有把中國放在眼裡。這些公司通過銷售專利藥物賺取豐富利潤，他們最有利可圖的市場是北美與歐洲。當一個藥品取得專利，製藥公司實際上能任意定價，從而回報甚豐。舉例來說，威而鋼（Viagra）在一九九八年問世後的第一年，就為輝瑞創下十億美元的銷售額。在這種情況下，成長是必然。

不過情況在二〇〇〇年代中期有了變化。由於失去了獨家專利，許多明星藥品開始面臨廉價仿製藥品的激烈競爭。為了維持利潤，製藥公司需要從產品線推出新的專利藥物並投放市場。但由於在美國與歐洲的監管門檻變得更嚴格（部份原因是因為意外死亡與有害副作用），因而減緩新產品的推出。同時，研發成本越來越高，幾乎是竭澤而漁。

對瑞士的癌症、高血壓藥物製造商諾華公司而言，二〇〇五年歐洲的淨銷售額只成長百分之七；到二〇〇八年歐洲的增長率已經降至百分之一。而對印第安納州華沙（Warsaw）的必治妥施貴寶公司來說，在該公司廣受歡迎的血液稀釋劑保栓通（Plavix）專利即將到期的美國——二〇〇五年的銷售額實則下降了百分之一，隔年又下降了百分之七。利潤的減少，讓華爾街與投資者驚慌失措。隨著股價與盈利暴跌，製藥公司開始裁員。二〇〇七年，總部位於倫敦的葛蘭素史克宣布，由於盈利下滑百分之二，因此將裁員數千人。輝瑞表示會裁員一萬人，阿斯利康則是七千六百人。

為了生存，製藥公司必須向發展中國家的新興市場擴張。沒有任何一個新興市場堪比中國的巨大潛力；中國有世界上最多的老年人口，且慢性病發病率不斷攀升；也是世界上糖尿病最普遍的地方，多達一億人；還有超過一億三千萬個B型肝炎病例。國際製藥公司從一九八〇年代就開始進軍中國，但市場實際上仍未開發。但隨著收入增加與中產階級擴大，大製藥廠看準中國人將更樂意、且更有能力購買昂貴的西藥，並開始在中國投資數十億美元。葛蘭素史克的執行長威蒂（Andrew Witty）二〇〇八年表達了製藥業普遍的主流看法：「就葛蘭素史克而論，重心正往東方轉移。」

中國的醫療體系本身就像一個自相矛盾的迷宮：國家控制卻由市場驅動，與共產黨官僚和殘酷競爭交織在一起。在毛澤東主席近三十年的領導下，共產黨補貼了全部醫院費用的百分之六十，醫院則透過本身低成本醫療服務來彌補其餘費用。但毛主席在一九七六年去世後，繼任的鄧小平實行市場經濟體制，政府開始逐年削減醫院補貼。

至今，中國只支付大約百分之十的公立醫院費用。為了彌補赤字，政府允許全國一萬三千五百家公立醫院以百分之十五的加價幅度，出售藥物給病人。醫院基本上是中國人唯一能買到藥品的地方，藥品銷售占醫院總收入的百分之五十，通常占利潤的百分之九十。中國的醫院雖然經營在社會主義的醫療體系下，但本質上是「將銷售最大化」的生意。中國人把這種現象叫做「以藥養醫」：靠賣藥來經營醫院。

由於公立醫院實際上壟斷了藥品銷售，因此外國製藥公司在公立醫院的銷售上有十分激烈的競爭——這是企業賄賂滋生不息的溫床。

中國有兩百萬個醫生，每個醫生一天最多看診人數是一百人。由於沒有太多時間與病患相處，因此他們通常優先考慮開藥。實際上，這就是他們的生計來源。中國國家政策規定，醫院醫生的基本工資較低，獎金則來自共同基金。這些獎金取決於各家醫院的收入——當然，他們的收入與藥品銷售息息相關。所以醫生有開處方的強烈動機，尤其是昂貴的國外新藥，有很多記錄證明了這一點。根據一項研究，中國醫生如果想賺進一美元，就必須開出七美元的處方。

不過，醫生在外國公司激烈爭奪市占率的市場上，會如何選擇藥物？「有很多抗生素可供醫生選擇，」在某家美國頂尖製藥公司擔任銷售代表的苹因（化名）解釋：「平心而論，會有比其他藥還強效，結果卻更安全的藥嗎？很難說。所以唯一能推動銷售成長的就是錢。」行賄能確保醫生指定你們公司的昂貴抗生素，而不去是別家公司的抗生素。

低底薪是受賄的另一個誘因。通常政府發給醫生的薪水都很低：基層醫生的月薪是一百五十美元；有幾年經驗的醫生月薪是四百美元；即便高級醫院的醫生，每月收入也只有一千五美元左右。醫生可以透過收回扣，讓自己的薪水翻倍。中國政府對這些事情一清二楚，卻對此視而不見。因為只要賄賂永無止盡，國家就能不提高醫生的薪資，每年省下數十億美元。

由於藥物昂貴——包括醫生收賄推銷的外國藥物——大多數中國病患的醫療費用非常高（國家醫療保險計畫通常不涵蓋多數外國藥品，也就是說病患得自掏腰包）。在城市地區，每次就診的平均住院醫藥費用，相當於人均年收入的百分之十六。（在美國，相當於病患每年掙五萬美元，但每次去醫院都要花八千美元買藥。）而在農村地區，醫藥費相當於人均年收入的百分之五十三，足以讓大部份人破產。某位醫生所言極是：「我們在中國會說，因病變窮。」

◆

即使總部在世界其他地區裁員，西方製藥品牌的中國執行長卻開始召集大批藥品銷售代表大軍，數千名新進銷售員急於進攻中國市場。二〇〇八年，英國製藥商阿斯利康中國區執行長尹旭東告訴記者，由於正準備與其他公司進行「軍備競賽」，他們的銷售代表大隊正在迅速擴展。阿斯利康盼望銷售量在西方下滑的心臟藥物美多心安（Betaloc）能在中國成為明星藥品。總部位於印第安納州印第安納波利斯（Indianapolis）的禮來公司，二〇〇八年在中國約有八百五十名銷售代表；但這個數字在接下來的兩年內多了一倍。銷售代表進入新的領域，開始從一線、二線城市進入農村地區，推銷公司的糖尿病與癌症藥物。所有大型製藥公司紛紛效仿。光是二〇〇六至二〇一一年間，前十大製藥跨國公司的中國銷售代表人數就增加三倍，從六千人增至兩萬五千人。

麗娟是製藥業擴張計畫的一份子。她解釋，自己已經在公司服務五年了，專門負責三種高血壓藥物。「公司每個月都會給你必須賣出的商品數量，」她悄然說道：「你賣得越多，獎金就越多。」麗娟的公司薪酬結構，包含了兩項讓她行賄的誘因：一是達到目標銷售額，避免炒魷魚；二是得到更多獎金。業績好的時候，麗娟一個月能賺大約一千五百美元，在中國算是相當可觀。她對這份工作很擅長，掌握了與醫生建立關係並收買他們的技巧。

「我有合作的醫生大概有一百位，但我現在只給其中三位醫生回扣。」她解釋。她以前會給所有認識的醫生回扣，但因為美國與中國執法鎮壓，她的公司不得不更加謹慎，因此她現在只把注意力放在三位醫生身上。「因為他們三位都是非常、非常重要的醫生，可以給我非常多銷售額；他們位居要職，能開很多藥。」尤其是其中一位在知名醫院有十足影響力的醫生，根本就像搖錢樹。麗娟告訴我：「有很多病人找他看診。他每個月大概可以開出一至兩百盒。」

麗娟給的賄款並不多。「我每個月給這些高層醫生大約九十至一百美元，」她解釋道。醫生每開一盒五美元的藥，就能收到一美元賄款，約占銷售額的百分之二十。「那是高層的價碼。」她補充說。

由於回扣是基於醫生每個月開出的處方數量，那麼麗娟是如何算出她每個月的賄款？「我每個月都會拜訪醫院的統計處，」她說：「通常，資訊部門的主管或職員都會提供統計數據列表，顯示藥物的銷售情況。」為了取得數據，麗娟需要再付賄款；醫院每售出她一百五十美元的產品，賄款金額會在三十三至五十美元不等。（其他銷售代表與醫生都證實，賄賂醫院的資訊部門是業界常態。）麗娟的描述所突顯的，不僅是賄賂系統有多麼組織化，還有賄賂對她的公司而言有多麼昂貴——銷售額大約有百分之二十用於收買醫生，而百分之二十五用於收買資訊部門。

麗娟每個月都會用這些資料仔細追蹤她的賄賂進度，以確定賄賂對銷售的影響。「就像你擁有一家網路公司後，你每個月都會查看網路流量的統計數據。」有時她賄賂的醫生不一定會開更多藥。或許她需要再多給一些才能提高銷量，或者乾脆不再把錢浪費在那位醫生身上。「這就像是大數據。」麗娟笑著說，顯然覺得這一切困惑局外人的事情很有趣。對麗娟而言，行賄是有道理的。「醫生幫助我，所以我也應該照顧他們。」她解釋道，並補充說她的經理們對她的所作所為完全知情，而且事實上還提供了賄賂資金。

麗娟的故事只是千萬個例子的其中之一。遍及整個產業的制度化賄賂已經在中國猖獗了十多年。只有在美國與中國的廣大調查中，才能細細端詳那些讓無數黑錢創造現金、並且掩蓋詭計的費力過程。隨著調查行動繼續，他們發現到西方製藥公司已經成為了極度不合理的模型。

◆

瑞利（Mark Reilly）是葛蘭素史克公司的中國區總裁，這是一家市值一千兩百五十億美元的英國公司。二〇一四年九月十九日，他站在湖南省省會長沙市一個小法庭的法官面前。國家電視攝影機在後面拍攝。瑞利身穿深色西裝，面容有些緊繃，看起來很緊張。

葛蘭素史克的歷史可追溯至一八五〇年代，是治療哮喘與愛滋病的先驅，也是倫敦證券交易所最大的上市公司之一。當時五十二歲的瑞利在葛蘭素史克工作二十五年。他在二〇〇九年受任命，負責葛蘭素史克中國區業務的這個好差事。在他的領導下，包括B型肝炎藥物與抗生素在內的產品銷售額，從五億七千三百萬增至二〇一二年的十二億美元，短短三年內幾乎翻了一倍。

然而，根據中國政府的說法，在葛蘭素史克無可比擬的成就背後，也有一樁無可比擬的罪行。一年前，中國警察指控葛蘭素史克進行大規模賄賂計畫，並在中國各地逮捕了數十名葛蘭素史克員工。他們也一併逮捕瑞利，給全球製藥業敲響警鐘。經過數月的調查，加上一整天的祕密審判，葛蘭素史克和瑞利目前正在等待判決。

指控的範圍很大。葛蘭素史克被控在二〇一〇至二〇一三年間對中國各地無數的醫生行賄超過四億八千九百萬美元。根據警方的報告，這些錢是來自葛蘭素史克編造數千次的活動——也就是所謂的「醫師教育參訪」。這些醫生有時候會真的去製藥公司提供的全額補助旅遊（也許是香港或夏威夷）。但參訪會議的「教育」部份通常只持續一、兩天，然後製藥公司就會招待醫生好幾天的奢華行程、娛樂還有現金賄款，鼓勵他們開出葛蘭素史克的處方。

但很多時候根本就沒有實際的會議或參訪行程。反之，葛蘭素史克的銷售部門在中國旅行社的幫助下想出一個計策。旅行社會開出篡改過的發票，可能虛報旅行費用，或者給根本不存在的旅遊開發票。接著，銷售與行銷部門會將發票交給財務部門，將這些費用作為行銷成本銷帳。這有效提供銷售團隊一大筆賄賂基金，可用於現金行賄。葛蘭素史克與中國各地的七百家旅行社一同合作，這代表牽涉其中的人數，有公司內部與外部的數千人。這是中國企業史上前所未有的行賄活動。

中文有「receipt—**發票**」這個詞。在中國藥物銷售的最核心，給了頂尖製藥公司數十億美元的收入——這是一個系統，全國主要城市的數千名員工每個月都在開假發票。為了累積每個月要給醫生的賄款，麗娟把假發票交給經理，然後報帳拿回退款，並將現金用於行賄。「你可以說是餐敘費。所以我都會自己或找朋友留下外出吃飯的發票，方便報帳。」麗娟的經理都知道這些發票是假的，但只要看起來合法，就會幫她報帳。

另一位藥品銷售代表苹因，也描述這些過程是如何在他自己服務的公司中進行，就連現在也不例外。「先弄一個假會議，」苹因解釋道：「我會用信用卡，然後飯店開發票給我，我再拿發票跟公司報帳。就是這麼簡單，錢就到手了。」他解釋道。

長沙的法官吳冀湘判定瑞利有罪，並對葛蘭素史克處以四億八千九百萬美元的罰款——即該公司行賄的金額，也是中國有史以來最高的企業罰款。吳法官還判處瑞利三年徒刑。（其實瑞利被驅逐回英國，並未服刑。）

吳法官不但向瑞利、葛蘭素史克傳達了一個明確訊息，同時也傳達給更廣闊的市場與全中國人民。做出這項裁決之際，中國社會大眾對醫療服務（包含飆升的醫療費用與貪汙狀況）的憤怒到達頂點。根據中國官方數據，光是二〇一四年就有四千五百九十九起病患與醫務人員的爭執事件。在某些案例，病患與家屬甚至在醫院中殺死醫生。「如果人民認為政府無法提供足夠醫療資源，就會將此視為違反潛在的社會契約[1]。」黃延中解釋道，他是美國智庫外交關係協會（Council on Foreign Relations）的中國醫療衛生制度專家。在這些問題上的失敗，已經對共產黨政治的合法性產生嚴重

1　編注：社會契約（Social Contract）是一種解釋個人與政府間適當關係的概念。

威脅。政府可以藉由葛蘭素史克這個案件，展現自己的積極決心。

中國有許多人認為，葛蘭素史克的案件是出於政治動機，是中國政府一如既往地提振中國國內製藥產業。這可能所言不假。但美國證交會在二〇一六年九月對葛蘭素史克進行獨立調查，所發現賄賂活動的規模也相去不遠。證交會指控該公司在中國的子公司「普遍都有不當行為」，並指出：「其員工能付款給醫生的方式中，有一種是串通第三方，例如那些執行與計畫參訪旅遊的其他供應商。」美國證交會沒有像中國警方那樣，斷言葛蘭素史克的賄款高達五億美元。但美國監管機關發現，葛蘭素史克於二〇一〇至二〇一三年六月間，在計畫與旅遊服務這方面花費了將近人民幣十四億元（兩億兩千五百萬美元）。抽樣調查顯示，約有百分之四十四的發票為虛報不實，而約有百分之十二為無中生有。雖然該公司多數的發票似乎都為做假，且在短短三年內耗費了數億美元的賄款，但回扣的確切金額仍不得而知。

葛蘭素史克是第七家決意與美國證交會合作解決賄賂問題的業界先鋒。從二〇一二年開始，美國的監管機關對輝瑞、禮來和必治妥施貴寶提出《海外反腐敗法》指控。他們在二〇一六年起訴了賽生、諾華、阿斯利康和葛蘭素史克。這些被指控的賄賂大致發生在二〇〇三至二〇一四年間。這些公司為了結控訴，總共付給美國財政部一億三千一百五十萬美元的罰款。

美國的調查行動，收集了全球一流製藥公司的大量書面證據——如電子郵件、策略計畫與其他公司文件——詳載他們如何在鼎盛的二〇〇〇年代後期，於中國藥品市場安排精心組織、結構縝密的賄賂活動。二〇一三年七月的一封電子郵件中，一名必治妥施貴寶的中國銷售代表寫信給區域經理，報告說必須賄賂某位高層醫生，對方才會同意使用公司產品：「當我接手時，那位傳染病科主任的態度相當明確，『不給錢，就不開處方』。」二〇〇六年，輝瑞的中國區行銷經理寫信給區域經理，解釋如何賄賂兩位中國醫生到澳洲旅行。作為回報，醫生承諾「每年至少使用輝瑞特定產品的四千兩百支注射劑」，並把這些藥開給「至少百分之八十的病患」。銷售報告指出，一名賽生銷售經理把賄賂醫生的過程稱作「用承諾的利潤讓他們上鉤」。

賄賂活動都被銷售代表與其經理仔細地記錄下來。大力推廣抗高血壓藥物與抗生素的輝瑞中國公司，甚至實行集點獎勵，正如美國證交會所述：「那種狀況下，國家醫生能按照自己開出輝瑞處方的數量累計點數；這些點數可以用來兌換各種禮物。」

至於諾華與賽生的銷售代表，則利用電子試算表追蹤每個月該付給醫生的金額。主要幫諾華開處方的醫生被叫做「拜金者」，在賽生叫做「貴賓」。阿斯利康的銷售代表與經理則「維護書面圖表與時間表，記錄預估或實際支付的金額」。

除了直接現金付款與旅遊招待之外，醫生也有收禮物。有時候是一些小禮物，像是香菸、大餐、眼鏡或禮品卡，而有時候是性招待。比方說，中國政府指控葛蘭素史克為醫生招妓。在美國證交會記錄的一起事件中，諾華中國公司的員工出錢請醫生去芝加哥的脫衣舞俱樂部。

跨國公司不僅利用賄款推動處方數量與銷售，還影響了藥物進入中國市場的幾個階段，從發放許可到列入醫院處方清單。賽生的員工賄賂了兩名政府官員，以確保續簽其中一種藥物。在二〇〇八至二〇〇九年之間，禮來的銷售代表提供政府官員回扣，「目的是將禮來的產品列入政府報銷清單」——換句話說，目的在於確保某些醫院使用他們的產品。

陳德昌（化名）擔任台灣十大製藥公司（總部設於歐洲）的地區首席財務長十二年。此前他曾在中國製藥業工作多年。雖然他在二〇一二年退休，依然定期拜訪中國，提供在中國發展的大型製藥公司諮詢服務。與他層級相當的主管很少公開談論賄賂，但他對賄賂的普遍深感失望。

陳先生現在住在臺北，這座熙熙攘攘的城市有大型購物中心、十八世紀的寺廟以及炫目的霓虹燈大道。他天性和藹可親、溫文儒雅；我們在台北時尚的西區進晚餐時，生性親和的陳先生舉止溫文儒雅，當他想起在亞洲的職涯總是開懷大笑。他不是咄咄逼人的高層主管，倒比較像是對規定精打細算的會計師或操盤手，他習慣留意數字的總和與正確性。他曾見過讓他忿忿不平的事，例如有個資深企業經理為了讓藥物獲批准，就從車窗遞一萬美元給政府官員。

「我的看法是：這個過程不公不義，既不合法，也不合乎道德。」陳德昌說道。他曾在一家工程公司工作，而該公司經常賄賂台灣政府官員。官員轉而批准那些價格虛高或完全沒有必要的合約。有時候，他自己也不得不拿幾瓶酒當作賄賂工具。他很早就得出結論，賄賂政府簽訂浪費公帑的合約，其實他欺騙的是身為納稅人的自己——政府在浪費**他**的錢。

無可避免，陳先生也在自己工作的國際製藥公司面臨掙扎，他的困境說明了全球跨國公司之間上演的一場核心衝突：銷售部門與法遵部門之間的衝突，以及在願意使用賄賂的人與另一派的衝突——後者相信追求利潤應遵守道德規範、企業內部控管標準、公認商業慣例。從法律上講，如果將企業擬人化，就是為了信仰而戰。

陳先生說問題始於一項事實，全球製藥公司受制於國際股市——而股票市場需要他們成長。「對於那些在華爾街、在東京公開上市的企業而言——他們面對股東的壓力、投資者的壓力與市場的壓力。成長就是問題，成長是一種詛咒或惡夢。」

當然，成長的前景使得全球的製藥公司進入中國，因為這個賭注顯然有回報。舉例來說，在二〇〇七至二〇一一年間，諾華在中國的淨銷售額增長百分之五十以上，從三億兩千九百萬美元增至逾五億美元。在二〇一一的年報中，該公司強調在中國的業務是「重要成功故事」。從二〇〇九到二〇一四年，必治妥施貴寶在中國的營收增加一倍多，從兩億美元增至五億美元。麥肯錫諮詢公司（McKinsey）的數據顯示，光是在二〇〇六至二〇一一年間，中國前十大跨國製藥公司的營收就從四十億美元增至一百億美元。

這還遠遠不夠，因為其他已開發國家的製藥公司持續向內擠壓。《紐約時報》二〇一一年的報導指出，由於專利陸續到期，製藥公司面臨數十億美元的額外收入損失；該產業的研究成本卻多一倍，達到四百五十億美元，但獲得政府批准的藥物卻越來越少；從二〇〇九到二〇一〇年，整個製藥業一共裁撤了十一萬四千個職位。那時是市場的「恐慌時刻」，投資者紛紛逃離醫藥類股，彷彿即將有一場颶風準備登陸，投資分析師向《泰晤士報》（The Times）表示。自二〇〇〇年以來，業界巨頭輝瑞和默克的股價都下跌百分之六十。

對大製藥廠來說，在中國的成長變得越來越重要——賄賂也是如此。在葛蘭素史克的案例中，被捕的官員明確指出兩者的聯繫。根據中國官方新聞社新華社的報導，賄賂被用於實現百分之二十五的年度銷售增長目標，而行業標準為百分之七至八。「中國的銷售目標每年都在提高，以彌補歐美市場的下滑。」該報導引用了葛蘭素史克中國區人資總監張國維之言。

既然製藥公司擁有世界上最好藥物，而且中國有數千萬甚至數億人渴望購買其藥品，為何製藥公司有必要訴諸這種荒謬的低效經營策略？「這種問題我問過很多次了，」陳德昌回答：「每次得到的答案都是『因為其他人都在行賄——如果我們不行賄，就會失去市場』。」在所有人的競爭手段都是賄賂的世界中，這就是確保市占率的最有效辦法。

紐約的營銷公司查尼研究（Charney Research），二〇一五年調查了在中國營運的公司，樣本將近兩千三百家。約有百分之三十五的公司表示有向中國政府官員行賄。「一般來說，公司認為行賄的目的是保持競爭力。市占率的爭奪已成為主要推手。」該報告做出總結。

「成長的這個威脅，並不是只針對跨國公司的執行長，這種威脅會逐步影響到各國的執行長，」陳德昌解釋。總部會毫不猶豫解雇在中國表現不佳的高層。「那些外籍人士通常只有簽兩年或三年的合約。」也就是說他們必須在短時間內取得佳績。「假如他們一直無法達成目標，就無法續約。」

陳先生認為，地區的執行長之所以選擇行賄，不僅是基於他們對總公司的義務，也因為考量到自己的自尊。

「執行長大部份都是所謂才華橫溢或野心勃勃的人，是組織中的明星；他們的自尊心通常很強，且抱負遠大。他們視成功如命。這種『視死如歸』的精神肯定會害死人、也害死組織。」陳先生解釋道，一個傾向「不得不」履行職責的執行長，往往會為了成功而背棄商業道德。

「只要是重要或重大的違規行為，銷售代表一定會提出來討論，並得到當地執行長的批准。沒有執行長的口頭同意或鼓勵，我認為他們不會擅自行賄。」

二〇一四年，經合組織進行了其中一項史上規模最大的企業賄賂研究。該研究分析四百二十七件大型企業賄賂的數據資料，這些案件在不同的司法管轄區中結案，涉及了各國的賄賂，最早可追溯至一九九九年。而研究發現，在百分之四十一的案例中，有證據表明員工的行為受到了企業經理的批准；而在百分之十二的案例中，執行長知情且認可。這些不過是有直接證據的狀況，未被發現的還有更多。經合組織認為，該調查結果揭穿了「員工私德」的迷思，也顯示出進行企業反賄賂政策時，需要明確的「上座支持」。

陳德昌在他的公司質疑業務銷售主管，要求排除現金賄賂，並建議改為採取一些新的方式。「我問他……我們能在教育和其他服務上投入更多嗎？我在區域經理的面前跟銷售主管說『我們來提供更高折扣，這會影響我們的營收』。」陳先生的基本論點是：如果我們現在排除賄賂，可能會失去一些銷量，但這個損失是一次性的，經過一段時間後，公司終究會彌補缺口。「我說，我來幫你爭取。但銷售主管拒絕了。他說，一旦沒了賄賂，在業界的生意會崩毀。」

陳先生最後意識到，凡是試圖即刻終止各種賄賂的行動，不僅在實踐上困難重重，也會打擊銷售團隊的士氣。因此他把注意力放在一件事——至少不給直接的現金回扣，經過兩年的努力他終於實現。雖然他相信這種做法已經在其公司的台灣分公司終止了，但銷售代表仍繼續送醫生參加奢侈旅遊，這種慣例很難有停止的一天。他說，中國的製藥公司需要很長一段時間才能杜絕賄賂。「這是一個演化過程。至少需要二十年。」

在賄絡相當普遍且監管鬆散的環境之下，加劇了製藥公司使用回扣的行為。長期以來，當地企業賄賂中國醫生是常態。國際公司紛紛效仿，完善了本身的體制，以求蓬勃發展。跨國製藥公司在中國擴張的那段時期，《海外反腐敗法》幾乎沒有執行，而且大多數歐洲國家幾乎也沒有任何反賄賂的相關法律。全世界的製藥公司都不太有壓力去規避這種風氣。

理所當然，中國對於醫生能加薪自然是非常高興。但這個決定讓國家、病患與醫生現在都後悔莫及。

◆

「我們的收入非常、非常低。藥品製造商於是有了空間，能讓他們決定我們的處方。」胸腔科的李醫師談道，今晚他喝一壺綠茶。他向我描述醫生多麼容易受到藥品的賄款誘惑，以及拒絕賄款需要多麼大的自制力。

李醫師現年三十六歲，是一家中國東部繁華城市的公立醫院副院長。他雖然當天已經工作了十四個小時，仍然熱情洋溢，滔滔不絕地談論他在工作上面臨的一連串問題：失準的政府政策、貪贓的官員、貪腐的製藥公司，以及極度沮喪的病患。

他花了很長時間才承認自己是共犯，直到傍晚，他終於決定減輕自己的心理負擔。他堅持自己不喜歡收賄，卻經常收賄，每開一張處方箋都會收取回扣。他有妻子和女兒要養；他三萬美元的薪資有一半來自賄款，如果沒有這些錢，他連基本的中產階級生活水準都負擔不起。「我從來沒有把自己的昧心財告訴別人，因為根本開不了口。」李醫師做出承認，表情相當失落。

李醫師解釋，對他這種層級的醫生來說，收賄輕而易舉，因為他不必直接收下賄款：「製藥公司的回扣會先交給部門主管，再轉交給我。」他懷疑這些賄款只有一小部份來自外國母公司，而大部份黑錢都是由中國子公司提供。但他並不清楚實際情況，因為負責處理這些錢的是部門主管。

不過，他堅持賄賂並沒有損害他的道德。「醫生不會只因為獎勵而開藥。會先依據你罹患什麼疾病。然後可能我為了賺錢，會過量開出其他藥物。但並非如此：因為我開這個藥給你能收到很高的回扣沒錯，不管這個藥對你有沒有用。大多數中國醫生都是善良的。如果遇到窮人，而且我們知道他很窮的話，就不會占他便宜。」

就算李醫師像他自己所說的那樣有道德原則，但中國有許多醫生也非如此，讓病患的荷包與福祉付出慘痛代價。

在二〇〇四至二〇一五年間（西方製藥企業的賄賂在此達到頂峰），中國在藥品的支出從九十五億美元增長到今天的一千一百五十億美元。「保守估計，中國有百分之二十至三十的整體醫療支出，用於不合理或不必要的服務與藥品。」澳洲衛生經濟研究中心（Australian Centre for Economic Research on Health）與中國人民解放軍空軍軍醫大學的一項聯合研究指出：「醫療機構內部的藥品購買、開藥貪汙行為，導致藥品支出的迅速增長。」

距離上海約四小時路程的寧波市，一位化名「明醫師」的外科醫生描述了賄賂對公眾衛生的不良影響。明醫師三十出頭，她曾收受葛蘭素史克抗生素「頭孢呋辛」（cefuroxime）的賄款。有兩個葛蘭素史克的銷售代表（均為女性），每個月都會去拜訪她的辦公室，持續約有一年。她們會關上門，然後把錢放在桌上，約莫是五十美元。「她們說『謝謝妳的支持』。」明醫師回憶道，笑著說銷售代表向她的貪汙行徑致謝時，有多麼客氣。

明醫師認為，賄賂正導致中國的處方用藥過量。「因為回扣的存在，所以就算你完全不需要抗生素，某些醫生還是會開給你。病人會花更多錢，而且過度使用抗生素，傷害就是如此造成。」

事實上，中國是處方過量最嚴重的國家之一，尤其是抗生素。中國政府估計，中國人的平均抗生素使用量是美國人的十倍。有其他研究顯示，百分之七十五的中國感冒患者所服用抗生素的量，是國際平均值的兩倍。越來越多美國、歐洲與中國的醫生所做的研究表明，輝瑞、葛蘭素史克等企業的行賄正是問題的一部份。

「這些獎勵措施，不但讓醫生有開藥的動力，也更有開昂貴藥物的動機，那些藥物通常都是較新、更強效的抗生素，應用於更危險的感染。」二〇一一年普林斯頓大學和北京大學的聯合研究指出：「這種模式可能讓抗生素的抗藥性問題更加嚴重。」

在世界任何一個地方，抗藥性一直都是重大問題，因為這會導致某些細菌品種生長，而無法用抗生素治療。但在中國尤其令人擔憂。包括世界衛生組織在內的多位專家，認為中國明顯的抗生素濫用，正是造成抗藥性的始作俑者。導致各種病菌出現抗藥性菌種，如結核病與梅毒，還有各種超級細菌（如MRSA、MCR-1以及CRE）。衛生官員又稱超級病菌為「惡夢細菌」，因為它們對所有已知的抗生素都有抗藥性，因此具有致命性。預計這些菌種會在全球蔓延。事實上，在二〇一六年三月，美國國防部的研究人員透露，他們在美國首次發現人體存在MCR-1。（病患是一名女性，其大腸桿菌對多種藥物有抗藥性。）

除了抗藥性之外，過度使用抗生素還可能導致藥物不良反應。中國科學家二〇一〇年發表了一項研究，估計在二〇〇一至二〇〇五年間，「中國每年發生一千四百七十三萬八千起中度至重度的抗生素不良藥物反應事件，並造成十五萬名患者死亡。」美國外交關係協會的黃延中指出，中國政府已開始限制醫生能開的抗生素數量。但他質疑這些限制措施是否太少或太遲。「你不能隨便到哪去都買得到。但我可以確定的是，傷害已經造成。」

「我們因為有更崇高的道德與理想，才選擇當醫生，但我們得面對這個問題——這個打臉我們的問題。」李醫師說道。「當醫生沒有社會地位。沒有人想做這份工作。這個工作不厚道。沒有人想做不老實的事。」

「有時候在中國，」他總結道：「你想太多，就會鬱鬱寡歡。你必須當一個快樂的傻子。」

◆

所有遭美國監管機關開罰的製藥公司都表示已經終止賄賂，甚至在很多案例中，對其負責的員工也被解雇。他們都受到聯邦法院的嚴格命令，確保這種做法不會持續。包括諾華和葛蘭素史克在內的許多公司，也在中國改革了薪酬結構。目前，銷售代表有固定薪水，而不是靠他們說服醫生開處方的數量來計算獎金。然而，中國的銷售代表表示，雖然他們行賄不像以前那般頻繁而明目張膽，但賄賂並沒有完全消失。

這些公司內部的賄賂規模以及持續時間，正如賄賂影響的深度，引發了一些重要問題：美國或歐洲總部的企業高層，是否知情並核准這些賄賂活動？美國監管機關提出的答案，尚不清楚。美國證交會認為輝瑞的幹部並不知道中國子公司有不當付款的問題，但另外補充，這些幹部並沒有採取任何預防犯罪的應對措施。證交會並不明確排除禮來公司高層知情的可能性，且由於該公司未能更積極打擊賄賂而處以罰款：「儘管心知肚明哪些新興市場最容易違反《海外反腐敗法》，但禮來在印第安納波利斯的審計部門，卻沒有評估賄賂風險與《海外反腐敗法》的專門程序。」證交會發現，必治妥施貴寶在二〇〇九至二〇一一年間的內部與外部審計報告中，多次出現用於賄賂的假發票、收據。從中國地區經理到業務經理，公司內部與外部一脈相承，最後匯報給德拉瓦州的高層幹部。雖然知情這些違規行為，但總部仍將偽造的帳目合併到自己的帳簿與記錄。

這一種罪行，什麼樣的懲罰才算是公正，又最後應該由誰負責？畢竟，就如陳德昌所述，高層主管批准員工賄賂的流程是自上而下，而非自下而上。二〇〇九年，時任美國司法部刑事科的助理檢察長布魯爾（Lanny Breuer）提出了一個解答。在製藥產業的賄賂活動達到巔峰、並接受調查之際，他在華盛頓特區的全球製藥業高層的集會上說：「我們將集中全力剷除你們產業中的海外賄賂活動。無庸置疑，這意味著要調查企業，並在必要時起訴，這無可否認。」他補充說明：「但也會涉及高層主管的調查和懲處。」自通過《海外反腐敗法》的三十年以來，企業高層很少要對海外的賄賂行為負責，但布魯爾所宣布的，似乎是一種全新、更強大的政策。即便考慮到製藥產業行賄的程度（許多調查與文件皆能證實），這些企業卻仍然沒有高層或員工需要負責任，更別說起訴或監禁了。

在中國，賄賂基本上是小額賄賂，賄款廣泛地散布在直接涉及客戶銷售的低階幹部手中。但是，當一家公司想贏得一份價值一億美元的合約時，就必須給層級更高的人——給總統或首長回扣。賄賂醫生後用假發票掩蓋真相是一回事，收買中東統治者後隱瞞實情則是另一回事。首先，需要有人能接觸到高層官員，並善於讓賄賂看起來合法，讓公司得以主張：「哦，我們不知道那些人要行賄。」正如一位前檢察官所描述的過程。這就是中間人的切入點。

中間人的故事讓我們更深入了解企業賄賂系統：即企業如何（至少從二戰之後）雇用那些在合法商業與組織犯罪兩個世界之間架起橋梁的藏鏡人，來獲取最高層級的政治權力，並對國家元首行賄。

5

幕後中間人

THE BLACK CURTAINS

為了提高「競爭力」，跨國大企業不只要自我精進，還需要中間人的協助——從業務代表到政治領袖，他們有個共通點：讓黑錢如入無人之境。

達赫達勒（Victor Phillip Michael Dahdaleh）一九四三年出生於巴勒斯坦，並在加拿大長大。他用珍貴的鋁土礦（鋁的主要原料）建立起龐大的帝國。他就是鼎鼎大名的「鋁王」，住在倫敦最高檔地段——貝爾格萊維亞區（Belgravia）一棟價值五百萬美元的別墅。前美國總統柯林頓（Bill Clinton）和前英國首相布萊爾（Tony Blair）都跟他有私交。他個子不高，身材矮胖，髮際線非常高。

達赫達勒據說有數十億美元的身家，包括德國施塔德（Stade）的一家煉鋁廠，再加上幾內亞共和國的鋁土礦獨占合約。他不僅靠鋁的採購與精煉發了大財，也透過代理，促成一些史上最大的鋁交易。在一場一千億美元的鋁交易中，達赫達勒實際上擁有著一塊自己的利基市場：他是億萬富翁，同時也是超級中間人，面對實力強大的企業、以及與世隔絕的中東國家元首，牽起這最罕見的關係。「他是個精明的商人，你看他不是剛跟哪個大公（emirs）會面後從科威特飛過來，就是跟統治者見面後從阿布達比（Abu Dhabi）飛過來的。」曾於一九九〇年代與他共事的諾丁漢（Jeremy Nottingham）回憶道：「他是最厲害的中間人。」而據信美國、英國、瑞士和挪威的執法機構，達赫達勒也是一個受企業與外國官員信任、並管理巨額賄款的人物。

當一家名列「財星五百強」的公司希望賄賂某個總統或波斯灣的王室（sheikhs）時，他們必須先透過中間人取得聯繫。這些中間人本身就一個菁英集團。「最高端的賄賂代理人，我說的是世界上極小部份的人——可能不到幾百位。」英國重大詐欺辦事處的前調查員馬來拉（Sasi-Kanth Mallela）說道。他曾對達赫達勒進行調查。他解釋，在中東地區，王室和大公信任的生意（還有賄賂）對象也許只有二、三位中間人。中間人同時代表好幾家公司。「任何想做生意的人都要先過中間人這一關。我說的是億萬生意。」

安排這種賄賂計畫，涉及違反許多國際法的秘密行動，有時長達十多年，需要相當的技巧與判斷力。如果中間人的聲譽非常高，將能如虎添翼。

世界上沒有其他中間人比達赫達勒更受人尊敬，他不但是倫敦政治經濟學的大老，柯林頓基金會（Clinton Foundation）的一項獎學金也是以他的名字命名。雖然達赫達勒捐款給全球慈善機構、慷慨成立大學中心，其實他私底下是美鋁公司貪贓枉法的中間人；該公司是一家美國績優股公司，也是世界上最大的鋁製造商。美鋁透過達赫達勒，做出現代中東歷史上最嚴重的非法交易之一，向全球最大的煉鋁廠供應鋁。該廠就位在阿拉伯君主國巴林。美鋁公司利用達赫達勒，用超過一億三千萬美元買通巴林的貪腐王室。這些王室同意「睜一隻眼，閉一隻眼」，無視美鋁將鋁的價格在二十年間抬高了四億美元。換句話說，西方自由派菁英的寵兒達赫達勒，他在惹惱數十萬公民的貪汙行為上負有個人責任，這些憤怒群眾包括巴林王國的許多人，在阿拉伯之春（Arab Spring）期間抗爭，他個人對此負有責任。

沙漠地區的王室偶爾會貪汙，而貪婪的西方企業會收買他們，這到目前為止都還是老套的劇情。但這個案例之所以與眾不同，是因為它說明了完整回扣系統中的隱藏維度：代理的角色。貪汙的的中間人——不分男女——是全球貿易中的藏鏡人，這種狀況沒有幾百年也有幾十年。大家對他們很陌生，這證明了他們的能耐。自頒布《海外反腐敗法》以來，執法調查僅提供了其中一些的少量資訊。我們通常對中間人所知不多，直到現在對達赫達勒這種層級的中間人更是一無所知。若非巴林皇室內部的守舊派與改革派之間有嫌隙，或許達赫達勒本人永遠都不會曝光；守舊派的勢力得靠貪汙支撐，改革派則認為貪汙無法持續在一個穩定的政權體制下。

這個故事，說明了現代國際貿易如何與組織犯罪行為勾結。它揭發了就連備受尊崇的西方公司也必須將賄賂外包，且此種方式往往是他們的成功泉源。外國企業賄賂透過達赫達勒這類人士來影響我們的世界，破壞法治並損害我們所謂的自由與民主體制。

◆

一九八七年三月，達赫達勒在諾曼第海岸附近的避稅天堂澤西島（Jersey）成立一家公司，名為羅麥特有限公司（Rawmet Limited）。（澤西島理論上是英國官方的屬地，但擁有獨立的議會和司法體系，包括讓企業高度保密的法律。）達赫達勒那時四十多歲，已躋身舒適的上流社會，並踏入了跨國企業行列。一九一五年，他的祖父創立一家叫「達勾」（Dadco）的私人投資公司。達赫達勒繼承這家公司，目前公司營運總部設於根西島（Guernsey）。據曾與達赫達勒共事的一位鋁業高管表示，第二次世界大戰期間，這個家族企業為英國政府建造了空軍基地。他的父親麥可（Phillip Michael）在巴勒斯坦的萊姆拉（Ramleh）擁有一家巴士公司，以及幾間石油與肥皂工廠。以一九四八年以色列建國後，他們一家人在逃往約旦，並利用家族巴士公司萊姆拉蘇達（Ramleh Suda Buses），協助許多阿拉伯的巴勒斯坦人撤離淪陷的區域。財富讓這個家族享有特權。達赫達勒在約旦度過童年，並在多倫多長大成人，然後進入倫敦政治經濟學院就讀。他在一九六七年畢業不久，就到另一個家族企業「達赫達勒家族」(Phillip M. Dahdaleh & Sons)擔任董事總經理；該公司是中東地區各種商品的供應商。（根據維基解密〔WikiLeaks〕上流出的外交電報，在一九七〇年代，達赫達勒遊說美國駐約旦安曼的大使館工作人員，請求協助銷售醫療設備）。當達赫達勒成立羅麥特公司時，早就建立好全球人脈網絡，包括波斯灣的王室成員。

羅麥特公司的文件列出三名股東：達赫達勒、王室哈利法．阿布杜拉．哈邁德．阿勒哈利法（Khalifa Abdullah Hamad Al Khalifa）與王室貝德．哈利法．阿布杜拉（Bader Khalifa Abdullah Al Khalifa）。後面兩位是巴林王室阿勒哈利法家族（Al Khalifa）的成員。從一九八七年到一九九〇年代中期，公司解散時，達赫達勒持有該公司六股，而王室們各持有三股。股票本身的價值頂多才幾美元，羅麥特公司似乎只是個空殼公司。

達赫達勒四周迷霧繚繞，他總是小心翼翼維護自己的公眾形象。他從未接受過媒體採訪，他在自己的網站與公關聲明的個人資訊非常少，每一步都是精心策畫，為的是彰顯他身為慈善家與教育事業捐助者的資格。大家長久以來對他都抱持一個疑問，就是他為何能與巴林王室家族如此關係緊密。來自挪威的托夫特（Gudvin Tofte）曾在二十一世紀初擔任巴林鋁業（Alba）的執行長，他在幾年前接受彭博新聞社（Bloomberg News）採訪時透露出一些線索。托夫特說，達赫達勒在一九八〇年代與法國駐巴林大使館聯絡上，並透過大使館與阿勒哈利法家族建立關係。一名認識達赫達勒多年的企業高層有不同的看法：美鋁早先在杜拜尋求過達赫達勒的服務，然後把他推薦給王室成員。這證明他的能力，因為他不僅跨過了麥納瑪（Manama）奎達比亞宮（Al-Qudaibiya Palace）的大理石門檻，還進入內部聖殿；他在那裡憑藉活潑態度、中東血統以及商業敏感度，無疑向王室們展現出自己就是他們不可多得的財富。根據認識達赫達勒的人說，他富有感染力、渾身散發魅力，很容易結交朋友。「他總是有辦法讓你覺得自己很尊貴。」巴林鋁業在二〇〇四年前的副總裁諾丁漢回憶道：「我認為他能讓別人覺得自己很重要。他也很謹慎，從不及於爭搶，常常待在幕後。」然而，阿勒哈利法家族可能漸漸著了他的道；羅麥特公司透露一九八〇年代中期，他已成為阿勒哈利法家族的親信與賄賂管道。事實證明，這種關係對達赫達勒、皇室和西方企業都極其重要。

美鋁公司一八八八年在賓夕法尼亞州（Pennsylvania）的匹茲堡（Pittsburgh）成立。直至二〇〇〇年，他們在全球擁有約十二萬名員工，年營收達兩百零五億美元。該公司主要在澳洲和幾內亞開採鋁土礦，並提煉成氧化鋁，再利用精煉廠加工成鋁。鋁之所以如此有利可圖，是因為鋁能廣泛應用在各種產品，從汽水罐到汽車、飛機零件等等。美鋁還將其氧化鋁產量的一半左右賣給其他公司，包括巴林鋁業——即達赫達勒非法交易的關鍵公司。巴林鋁業的精煉廠照理說是由巴林王室持有及管理。美鋁與巴林鋁業的交易關係始於一九六九年；到一九八〇年代初期時，美鋁直接供應大量氧化鋁給巴林鋁業。

但在一九八八年時，巴林鋁業的董事長——王室伊薩．本．阿里．阿勒哈利法（Sheikh Isa Bin Ali Al Khalifa）通知美鋁的官員，如果想繼續與巴林鋁業做生意，就必須先把氧化鋁賣給中間人達赫達勒，再將氧化鋁轉賣給巴林鋁業。王室伊薩除了監督巴林鋁業的招標程序，當時也是該國石油部長，掌握巨大的權力。他還是王子哈利法．本．薩勒曼．阿勒哈利法（Khalifa bin Salman Al Khalifa）的連襟。阿勒哈利法王子從一九七〇年開始執政，是世界上在位時間最長的首相。阿勒哈利法王子是阿勒哈利法家族的繼承人；這個遜尼派王室家族在十八世紀末征服了巴林多數什葉派，從此握有統治實權。（有據可查，阿勒哈利法王室對什葉派教徒有根深蒂固的歧視，族群間的緊張關係持續存在。）王室伊薩是公認的首相得力助手，若美鋁還想繼續與這個坐擁豐富石油的國家有數十億美元的業務往來，就很難拒絕他的要求。

美鋁的長官最初對達赫達勒提出質疑，因為他在鋁業毫無經驗，但最終還是接受了王室伊薩的要求。

決定雇用中間人並非總是悖德。中間人對市場、監管障礙、外國海關、進出口貿易法，以及人脈網絡瞭若指掌。雇用中間人的另一個主要原因，是能降低成本：與其在國外負擔所費不貲的辦公室、當地員工的薪資，還不如按專案逐項聘請顧問，並按佣金付費，而非固定工資。

字面上，美鋁雇用達赫達勒的原因是他有中東海關的人脈與專業知識。美鋁的一名商業經理寫道，達赫達勒有一家叫「鋁見」（Alumet）的公司，是「熟悉中東業務常規的公司」，能夠「讓巴林鋁業精煉廠的各種利害關係人滿意」。

達赫達勒與巴林皇室組建公司，這並沒有不妥，但在一九八九年，美鋁在澳洲的子公司支付一百二十八萬美元佣金給羅麥特公司，好將氧化鋁賣給巴林鋁業——這種布局就很腐敗了。這筆佣金是巴林王室索求的賄款。美鋁同意這項協議，表示願意與王室建立賄賂關係，而皇室也對公司回以感謝：美鋁成為巴林鋁業的「首選供應商」——正如美鋁的澳洲銷售經理後來在公司備忘錄的解釋。

達赫達勒在此期間成功遞交賄款，向王室和美鋁證明自己的實力。「中間人必須證明他們值得信任。行賄能建立信任感。」一位熟悉美鋁案件的前美國執法官員說道。取得信任是達赫達勒平步青雲、躋身全球菁英的起點，最終卻也讓他從恩典中跌落。

一九九〇年時，達赫達勒在烏契大道（d'Ouchy）開設辦公室。這是一條很有現代感的街道，綠樹成蔭，穿越瑞士的洛桑（Lausanne）。烏契大道六十一號曾經是洛桑莫里斯酒店（Hotel Meurice Lausanne）。

這座優雅的四層樓建築，陽台是新古典主義風格而外觀是米黃色的，距離日內瓦湖北岸只有幾步之遙。一九六〇年代，美鋁買下這處房產，打造成歐洲子公司「美鋁歐洲公司」（Alcoa Europe S.A.）的辦公室。也是在這裡，美鋁邀請達赫達勒在四樓成立一家新公司「美鋁氧化鋁化工」（AA Alumina and Chemicals），員工只有幾個人。他甚至在信紙上打印美鋁的商標，表明他與該公司日益緊密的關係。那一年，達赫達勒簽訂了一份合約，成為美鋁公司的正式業務代理人。

達赫達勒將拿取美鋁與巴林鋁業之間所有交易的百分之一，作為他所謂的當地支持與行銷服務。從一九九〇至二〇〇九年，美鋁與巴林鋁業持續簽有價值三十億美元的合約——這是史上最賺錢的鋁交易之一。

至今沒人知道達赫達勒為美鋁提供什麼服務，也沒人知道為何這種服務需要如此豐厚的酬勞。美鋁已經與巴林鋁業建立長期合作關係，供應了數千噸氧化鋁。雖然達赫達勒照理說在此是中間人，但他的公司其實沒有那些賣給巴林鋁業的氧化鋁的所有權。正如調查多國之後的結果顯示，達赫達勒本人也不負責安排將原料從澳洲運往巴林。

美鋁公司接受達赫達勒作為中介，有意地接受了那一項財務結構可疑的條款——這種結構，至少在一九五〇年代開始（可能是在二戰之前）就一直被使用。這種結構如何形成，是戰後外國企業賄賂歷史的關鍵部份。其中揭發許多關於中間人與政治權力的內容，在今日仍然適用。

洛克希德飛機公司於加州的柏本克（Burbank）成立，是二戰後美國最大的國防承包商，專門生產商用及軍用飛機。但該公司在一九六七年瀕臨破產。即使才剛拿到聯邦政府兩億五千萬美元的救助，洛克希德仍急需一筆大交易。在日本居於領導地位的商業航空公司「全日本空輸」（All Nippon，簡稱全日空）正計畫購買二十一架飛機，金額為四億三千萬美元。而洛克希德的競爭對手——麥克唐納—道格拉斯（McDonnell Douglas，簡稱麥道）和波音（Boeing）——早早就得到認可。

科奇恩（Carl Kotchian）一九六七年擔任洛克希德的總裁，他相信必須不擇手段從競爭對手那裡贏得合約，否則公司就會失敗。科奇恩來自北達科塔，說話直截了當。他一九四一年進入洛克希德之後，一路步步高升。他多次飛往日本，試圖與全日空敲定交易，但當努力化為失敗，他轉而採取更極端的手段。

科奇恩最終採用的方法，就是聘請有權勢的中間人，一個能與日本最高領導階級互動的角色。戰後日本（正如今日許多國家）的政權核心始終對「gaijin—外人」封閉。

在語言、禮儀和社會風俗之下，外國人只能透過適當的聯繫管道與政府官員接觸。正如科奇恩後來對國會的解釋：「我認為你們應該去了解日本當局……是由關係密切的個人所組成的團體，在商界與政界皆然，而隨便一個從美國來的人不准加入，所以需要協助。」

洛克希德不僅止於得到「一些協助」。他們最終聘請帶他們走入日本權力結構的中間人，是日本最臭名昭彰的幫派份子，在美國占領期間曾是戰爭罪嫌疑犯。

根據中情局最近解密的檔案記載，兒玉譽士夫（Yoshio Kodama）一九一一年出生於福島縣，是「被視為武士階級」的家族成員。中情局追蹤兒玉譽士夫的活動超過三十年，其生平記錄被列在一百多份曾經保密的文件中，對他有引人入勝地描繪——他可能是現代史上第一位、也是最聲名狼藉的超級中間人。

兒玉譽士夫從大學輟學，他從很小的時候就是日本民族主義的狂熱信徒。一份美國情報文件指出，他在二十多歲時「與恐怖主義事件、右翼逮捕案扯上關係，這些事件標誌著日本軍國主義在一九三〇年代初的興起」。一九三二年，他密謀暗殺首相齋藤實（Saito Makoto）未遂；齋藤實不認同他對日本侵略擴張的看法。他在審判中被定罪，並在訴訟過程中開槍自殺未遂後，入獄將近五年的時間。

兒玉譽士夫獲釋後，成為當時掌權的日本軍國主義政府的得力主將，政府派他擔任祕密的外國特務，推動日本在中國展開軍事行動。由於需要掩護，兒玉譽士夫在上海建立龐大的貿易帝國「兒玉譽士夫辦事處」，美國情報官員指出其成員由民族主義「暴徒」、「浪人」和日本「傭兵」組成。該組織眾多的活動有海洛英販運、情報蒐集、準軍事行動和黑市採購。依據中情局的資料，兒玉譽士夫在中國累積了一筆私人財富，包括大量的「白金、鑽石和鐳」。情報文件援引消息人士的話，稱兒玉譽士夫在一九四二年帶著一千塊金條以及折合日圓共數十億的東西回到日本[1]。

憑著這筆軍事費用，兒玉譽士夫成為日本戰後最傑出的幕後黑手——「kuromaku—黑幕」，這個詞源於古老的歌舞伎劇場，字面意思是遮蔽後台演員的簾子，意指在幕後真正掌控權力的那個人。到一九五〇年代，美國情報界將兒玉譽士夫形容為「無可爭議的日本右翼領袖」。他個人出資創立今日占主導地位的自民黨，也資助了許多右翼事業。正如《紐約時報》的報導：「他其中一項影響力的來源，是他巧妙操縱了日本人特有的個人責任感。他提供身居高位的人或大或小的幫助，而後來這些恩惠就會慢慢回收。」情報文件指出，兒玉譽士夫也曾與「一群極道份子（日本黑幫領袖）結為血盟」。

一九七一年時，科奇恩在東京認識兒玉譽士夫，他很驚訝地發現對方居然是缺乏外在魅力、說話輕聲細語的人。「你很難想像他的幹勁和才能到底藏在哪裡。」後來科奇恩直接把這些事情寫在他坦白的著作裡，那本書是少數兒玉譽士夫的第一手資料。根據科奇恩的說法，兒玉譽士夫告訴他，如果洛克希德不行賄，就永遠無法在日本做生意，這其實是「球賽的比賽資格」，「如果沒有付入場費，你連比賽的資格都沒有——你的產品根本不在考慮範圍。」

洛克希德遵照兒玉譽士夫的建議，煞費苦心設計出一種暗中行賄的結構。自此以後，從事賄賂的公司都延續這種方式，即利用在瑞士的子公司支付所有款項，因為瑞士的企業保密法提供更多保護措施，以防走漏風聲。由於兒玉譽士夫堅持賄賂必須用現金，因此瑞士的洛克希德職員會向香港的外匯經紀商買進數百萬日元，並將現金裝

1 美國中情局的文件，所描述的數字範圍從四億到三十二億日元不等，相當於今天的幾十億美元。

入專門設計的箱子，然後直接運送至兒玉譽士夫那裡。後來，他們改用不記名支票，由洛克希德的國際金融副總裁親自帶到東京。

一九六九至一九七五年間，在洛克希德提供日本的一千兩百五十萬美元賄款與可疑款項當中，兒玉譽士夫占了七百萬美元（其中五百萬是他的諮詢費，二〇〇萬據稱是回扣），另外五百五十萬美元由不同中間人轉手十幾位政府官員。科奇恩後來在國會作證，表示他從未要求他的「黑幕們」解釋錢的流向——不過他在書中承認，自己知道至少有一百六十萬美元的賄款流到日本首相田中角榮（Kakuei Tanaka）之手。雖然兒玉譽士夫收買田中角榮的方式仍然是個謎，但經過了這些行賄手段，全日空拒絕與波音、麥道的交易，轉而購買洛克希德的飛機。

一九七六年，參議員丘奇（最終調查該海外賄賂事件的委員會主席）問洛克希德的主任稽核（Chief Auditor）——阿圖．楊會計師事務所[2]的芬利（William G. Findley）：「當你得知這些款項時，是否打聽過兒玉譽士夫的身份？……你有發現他是戰爭罪犯嗎？」[3]據芬利的回答，其實洛克希德的董事會知道兒玉譽士夫的過去，但芬利暗指他們根本不在乎。一九七六年的聽證會上，也詳盡地提到兒玉譽士夫其實早在一九五八年就成為洛克希德的祕密特務。

科奇恩在國會供認自己賄賂過日本人，這件事成為日本二戰以來最大的醜聞——日本版的水門案。共有十六位日本政治高官、商人因貪汙與其他罪名被起訴。首相田中角榮一九七四年辭職，兩年後遭起訴收賄。他在一九八三年被判有罪，並判處四年徒刑。他曾提出上訴，但在一九九三年日本最高法院尚未做出判決前去世。兒玉譽士夫是唯一沒有被定罪的人，他一九八四年死於心臟衰竭，享年七十三歲。

日本人所言的「ロッキード事件」——洛克希德事件生動地傳達了一個重要事實：在日本，最高級別的合約簽訂（代表數十億美元與日本的未來發展）並非取決於產品價值、品質或是價格競爭力。這並不是說洛克希德的飛機品質不佳，而恰好相反。

2　編注：創辦人阿圖・楊（Arthur Young）是國際四大會計師事務所「安永會計師事務所」（EY）的創始人之一。

3　事實上，兒玉譽士夫從未被定罪。在美國占領期間，美軍以「甲級戰犯」嫌疑人的身份逮捕他。他被關押在東京的巢鴨監獄三年，但不曾受審。美軍在一九四八年釋放了他，消息人士指出，美國情報機構曾代表兒玉譽士夫出面調停，欲將栽培他成為反共產主義的主力。但如丘奇參議員所言，縱使沒有定罪，兒玉譽士夫顯然「品格有待商榷」。

但這樁醜聞首次揭露了一件事，不但有一個可以藉由賄賂影響日本最高領導人（包括日本首相）的系統，而且進入這個系統的密鑰，正是兒玉譽士夫這般人物。

洛克希德付給黑社會之王等值今日四千萬美元的賄款——我們永遠無法確定這件事對日本政治發展及日美關係有何影響。參議員珀西描述了洛克希德、兒玉譽士夫關係的可怕後果，他說「最大的美國國防承包商」已經向一個思想家付了數百萬美元，「處境非常悽慘」；這位思想家透過他在日本軍國主義右翼的領導地位，實際上將帶來「對世界的一場戰爭，也是對美國的襲擊……就我所知他們的聯繫，我很難相信洛克希德會有那種從屬關係，也訝異他們認為必要把生意做成那樣。責任感何在？」

◆

美國與英國當局在一九九〇年代初，指控美鋁向達赫達勒支付數百萬美元「佣金」，後者則用這筆錢賄賂王室。英國檢察官表示，達赫達勒在他位於伊頓廣場（Eaton Place）的愛德華時代（Edwardian era）聯排別墅，利用傳真機指示各家銀行匯款，舒適地處理大部份的弊案。一九九三年，他在新加坡登記成立新公司「奎納倫」（Kwinalum）。

該公司表面上負責處理額外的氧化鋁（從澳洲運出且經過新加坡）。而實際上，美鋁澳洲子公司仍管理這些貨物。但是透過奎納倫，達赫達勒提高他計畫的賭注，並開始抬高賣給巴林鋁業的氧化鋁價格。光在一九九三至一九九六年，他就向巴林鋁業多收將近一千九百萬美元。

為什麼巴林鋁業同意以明顯過高的價格收購氧化鋁？據美國執法機關說法，由於加價產生了浮差[4]，控制巴林鋁業董事會的王室因而能從中竊取大筆資金。該計畫的進行方式如下：美鋁以折扣價出售一噸的氧化鋁給達赫達勒，達赫達勒再以高出百分之十四的價格，向巴林鋁業開立每一噸的發票。巴林鋁業接著把這筆款項存入奎納倫公司的銀行帳戶，而這百分之十四的金額會產生浮差。達赫達勒不自己拿走這筆錢，而是安排退還給管控巴林鋁業的王室們。這件事本來有極高風險，因為王室們不能公然竊取公司數百萬美元的資金，但這項計畫讓他們能夠祕密行事。（就本質上，鑒於巴林鋁業是國營公司，其實他們是在竊取國庫。）

4 編注：浮差（Float）浮差是指企業銀行存款與企業帳面現金餘額的差額。

諾丁漢表示，王室成員對這種貪汙行為知情。事實上，巴林鋁業的董事長──王室伊薩──親自管理了一個系統，該系統根據賄賂來授予所有巴林公司的投標書，當然不只美鋁。諾丁漢解釋：「按照規定，合約只要超過十萬第納爾（dinars）──也就是二十六萬美元，那麼在授予合約前，儘管我們有投標委員會與內部程序，但還是必須先送到所謂的『市中心』，這是我們委婉的說法。『市中心』表示送往部長（王室伊薩）的辦公室，然後部長會告訴我們要將合約授予誰。」諾丁漢後來在達赫達勒的貪汙審判出庭作證，補充說：「在那個時代，只有一種方法可以讓你促成生意，讓你得到任何合約。那就是你必須付出賄款，因為這是標準流程。」

除了先前拉抬的一千九百萬美元，達赫達勒在王室伊薩的加持下，在一九九七至二〇〇一年間，將出售給巴林鋁業的氧化鋁價格提高了共一億八百萬美元。根據美國司法部統計，二〇〇二至二〇〇四年，達赫達勒把價格提高七千九百萬美元；二〇〇五至二〇〇九年，一億八千八百萬美元。結果，巴林公民為了氧化鋁在二十年內多付三億九千四百萬美元，這些錢都是王室從國庫中竊取的。

在此期間，美鋁的高層刻意忽略達赫達勒的企業行徑，甚至給予方便。美國司法部指稱，當美鋁的內部律師開始擔心這位中間人的空殼公司，可能會違犯《海外反腐敗法》之時，卻有一位美鋁高層卻為達赫達勒擔保（未公布該主管姓名）。在巴林鋁業對美鋁、達赫達勒提出民事訴訟的文件指出，當霍爾（Bruce Allan Hall）——他在二○○○年成為巴林鋁業的執行長——開始有類似問題時，美鋁子公司時任營銷副總裁的賴斯（William Rice）從匹茲堡傳真一封信給他，保證達赫達勒的公司是值得美鋁信賴的經銷商。霍爾對此仍有不滿，還差點放棄了一樁鋁交易，而賴斯發傳真威脅他，如果巴林鋁業不肯與達赫達勒的公司合作，就要把美鋁的氧化鋁賣給其他買家。賴斯說，他只不過是收發信件的人，並不負責安排這些事，他說：「在我的職位之上，顯然有高於我的管理階層來做決定。」最後，達赫達勒找到了說服霍爾的方法——賄賂。霍爾最後獲得一千萬美元的回扣，並在二○一一年十月被捕。（巴林鋁業終究與美鋁、賴斯達成民事訴訟的和解。美國的執法機關從來沒有以任何不當行為起訴美鋁的高層。）

二○一三年，英國重大詐欺辦事處將王室伊薩明列為美鋁的賄賂對象之一。根據達赫達勒在英國官方的案件記錄，他透過境外帳戶向王室伊薩電匯了超過六百萬美元。達赫達勒在一九九三至二〇〇六年間，從多家空殼公司電匯至少一億三千兩百一十萬美元賄款給王室——美國司法部追查流向，發現單單一位官員所收的總額就高達八千三百萬美元。該官員的姓名未被公布，但情節符合王室伊薩的描述。有一名不願透露姓名、並與王室伊薩密切合作過的商人表示，王室幾乎不可能自己留著這筆錢，他說：「王室伊薩的生活一點都不奢侈。他是個生活簡單的人。他不過是那些真正賺錢的人的門僮。」美國與英國的訴訟文件指出，王子哈利法．本．薩勒曼．阿勒哈利法才是大部份賄款的接收人。在美國司法部的文件中，王子跟王室伊薩一樣，本名從未被公開，而是使用代稱，如「官員D……巴林王室的高級成員，並擔任巴林政府高官數十年。」根據美國司法部最終讓美鋁認罪的指控，官員D從達赫達勒的公司直接獲得了至少三千七百萬美元的電匯。

在巴林鋁業的交易中，美鋁並非唯一利用達赫達勒當中間人的公司。二〇一四年，將美鋁的氧化鋁從澳洲運往巴林的挪威海運公司「托瓦爾德克拉夫內斯」（Torvald Klaveness，簡稱托瓦爾德），經過四年調查，被挪威當局處以五百萬美元的罰款。挪威經濟犯罪調查局（Økokrim）宣稱，托瓦爾德的一家子公司在二〇〇三至二〇〇四年間，支付兩百七十萬美元左右的佣金給鋁見公司，即達赫達勒的空殼公司。達赫達勒利用瑞士與根西島的銀行帳戶，祕密將這些佣金的「很大一部份」電匯給王室伊薩。克萊芙尼斯（Tom Erik Klaveness）的父親在一九四六年創立托瓦爾德海運公司，他告訴挪威的一家報社，雖然他自己沒辦法證實，但某些款項是用來賄賂巴林國王的。不過，挪威經濟犯罪調查局與克萊芙尼斯兩者都拒絕發表更多意見。

如果巴林鋁業沒有在二〇〇八年於美國聯邦法院控告美鋁，並求償十億美元，那我們將無法看見這些細節。正如一位觀察家的描寫，這件事象徵了王室內部的裂痕，即所謂的「阿勒哈利法善派」與「阿勒哈利法惡派」。阿勒哈利法善派指的是王室薩勒曼・本・哈馬德・本・伊薩・阿勒哈利法（Salman bin Hamad bin Isa Al Khalifa）；這位年輕的改革家據說認為首相（他的叔叔）的貪腐已經危害阿勒哈利法王朝的穩定。一般認為，王室已授權巴林鋁業的新管理階層，以調查公司招標系統內部的貪汙指控，而後對美鋁提起訴訟，此舉據傳是為了羞辱他的叔叔與其親信[5]。訴訟一經公開，美國司

5　維基解密的一條美國國務院電報寫道：「立場尷尬的巴林官員，最可能支持首相陣營。」

法部便介入，並開始對美鋁進行刑事調查，而英國重大詐欺辦事處也是如此。

達赫達勒二〇一一年十月二十四日時在倫敦被捕，背景是阿拉伯之春。幾個月後，成千上萬的巴林人，絕大多數是什葉派教徒，為首相的貪腐走上街頭抗爭，阿勒哈利法家族則為了保護自身利益而開始進行鎮壓。「他們的重點在於捍衛自己特權，讓他們生活富裕的特權。」一位巴林的人權行動主義份子謝哈比（Ala'a Shehabi）描述。雖然首相與王室伊薩都否認貪汙，但始於二〇一三年的達赫達勒案審判，首次揭露他們其實參與其中。

達赫達勒從不否認行賄。反之，他的辯護團隊認為他的賄賂合法而正當，因為巴林政府知情並核准。在法庭上，達赫達勒的出庭律師普爾內爾（Nicholas Purnell）聲稱王室伊薩只是按照首相哈利法．本．薩勒曼．阿勒哈利法的命令行事，而最終控制巴林鋁業的是後者：「達赫達勒先生支付的所有款項，都是在董事會知情的狀況下執行，董事會由巴林多數派及其與首相之間的關係組成。」

但原告的關鍵證人——巴林鋁業前執行長霍爾——改變證詞時，英國重大詐欺辦事處的案子破碎了。英國重大詐欺辦事處原本試圖把整件巴林鋁業計畫的責任歸咎在達赫達勒身上，但霍爾和其他許多人看法如出一轍，都認為達赫達勒不該獨自承擔該計畫的制定。他只是善於操縱。「這是受政府贊助的貪汙案。達赫達勒是政府贊助的貪汙案的關鍵人物，但他並不是貪汙的始做俑者。」諾丁漢說。在巴林鋁業對提起的民事訴訟中，代表巴林鋁業對達赫達勒提出告訴的兩位美國律師，理由是「律師保密特權」（attorney- client privilege）為由拒絕在倫敦作證，這是致命一擊。法官裁定，如果沒有盤問這些證人的權利，達赫達勒就無法得到公正的審判，於是撤銷對他的指控。二〇一四年，美鋁支付一億一千六百一十萬美元的罰金，以了結美國證交會對其違反《海外反腐敗法》的調查，而子公司美鋁世界氧化鋁（Alcoa World Alumina）承認美國司法部提出的指控，也另外支付了兩億兩千兩百三十萬美元罰款。

◆

並不是每個中間人都是像兒玉譽士夫那般危險的思想家，或者是像達赫達勒那般有錢有勢。並不是所有的海外業務都是中間人經手，當然也不是所有中間人都會貪汙。但當洛克希德初次雇用這些中間人，他們便變成為數十億美元的國際企業賄賂系統中身居要角。

西門子公司聘請了兩千七百位「顧問」，是一支名符其實的行賄大軍。美國司法部調查發現，在許多情況下，他們唯一的職責就是「將西門子的賄款轉交給負責批准業務的外國政府官員」。西門子龐大的公司顧問團隊，讓它得以進行規模驚人的賄賂：在全球十多個國家中，至少有四千兩百八十三筆賄款，總金額將近十四億美元[6]。其中有些中間人是低階商人，只負責遞送現金給高階官員。至於其他的中間人，則是像塞吉（Carlos Sergi）這種人。塞吉是阿根廷的傑出企業家，與阿根廷空軍有著長期關係。據說塞吉在阿根廷的福克蘭戰爭[7]期間，促成可疑的武器交易，並在基西納（Nestor Kirchner）執政期間，也是大型雷達採購案的影子人物。據說，塞吉還協助策畫以一億美元賄賂阿根廷政府官員的行動，對象包括一九九〇年代的總統梅南（Carlos Menem）與二〇〇〇年代的總統德拉魯阿（Fernando De la Rúa）。美國司法部指出，「塞吉在這場串謀中的價值，在於他能接觸到阿根廷政府裡有影響力的成員，並擔任調解者的角色。」調查發現的證據顯示，塞吉給梅南一千六百萬美元，不過這位前總統未被起訴，且一致否認有任何不當行為。

塞吉與西門子達成交易後，又回到黑影中，至今仍受美國司法部調查。此後，他的名字再次浮現於另一樁醜聞。二〇一一年，西班牙當局在巴塞隆納機場扣留一架私人飛機。他們發現飛機上的兩張沙發裡藏有超過一噸的古柯鹼，價值約四千兩百萬美元。這架從阿根廷飛往非洲維德角共和國的噴射機，由古斯塔沃（Gustavo Julia）與愛德華多（Eduardo）兄弟兩人共同駕駛，他們原本計畫將毒品走私到阿根廷。這對兄弟的父親，是梅南領導下的已故前阿根廷空軍司令朱利亞（Jose Julia）。（西班牙法院於二〇一三年判處這對兄弟十三年徒刑。）阿根廷的報紙援引匿名西班牙地方法官的話，說塞吉付了包機費用五十萬美元。

西門子大膽利用中間人的行為，一度看似少數極端的例子。不過從那時起，包括戴姆勒克萊斯勒、惠普和嬌生在內的許多全球知名大企業，皆有利用中間人賄賂而遭到國際執法機構調查和罰款。

6 美國司法部表示，西門子涉嫌支付的十四億美元當中，有八億美元直接被認定為賄款，剩餘「用途不明」的款項則追溯至顧問團隊，超過五億美元。

7 編注：英國和阿根廷為爭奪英國海外領土福克蘭群島而爆發的戰爭。

勞斯萊斯（Rolls-Royce）五十多年來，製造了世界上最先進的商用與軍用噴射發動機。在英國乃至全球，人們普遍認為勞斯萊斯之所以是全球首屈一指的績優公司，是因為有卓越的工程技術，外加出色的企業領導力。確實，據英國《金融時報》（*Financial Times*）報導，勞斯萊斯的營收從一九八七年的二十八億美元飆升至二〇一六年的七百六十億美元。不過，英美執法機關表示，從一九八九年到二〇一三年（正是爆炸性增長的時期），勞斯萊斯有著廣大的賄賂系統，至少有八名國際中間人，收買奈及利亞、中國、俄羅斯、印尼、哈薩克和安哥拉等國的政府官員。這些賄款至少為公司創造兩億五千萬美元的利潤。一九九〇年代，勞斯萊斯給泰國的中間人一千多萬美元，中間人再賄賂高官以出售勞斯萊斯的T800引擎，從而擊敗普惠（Pratt & Whitney）等競爭對手。二〇一二年，勞斯萊斯在奈及利亞的中間人賄賂政府官員，獲取競爭對手的內部資訊，包括通用電氣。勞斯萊斯利用這些資訊來確保更有利的出價，因此贏得豐厚的合約。勞斯萊斯在二〇一七年承認行賄，並向英國和美國當局支付總計八億美元的罰款，成為另一項有記錄以來最大的賄賂計畫之一。

◆

二〇一六年六月二十日，達赫達勒身穿深紅色與藍色交織的畢業禮服，從座位上起身，走上多倫多約克大學（York University）的會議廳講台。隨後是一陣熱烈的掌聲。約克大學是加拿大最具聲望的大學之一，近年在全球建立卓越的聲譽，尤其是商學院與法學院。自二十一世紀初，達赫達勒是該校最重要的贊助人之一。校園裡有一座以他名字命名的建築，不久之後又有一座。二〇一五年，達赫達勒捐贈兩千萬美元，幫助該校成立「達赫達勒全球健康研究中心」（Dahdaleh Institute for Global Health Research）。約克大學的校長兼副校長舒克里（Mamdouh Shoukri）稱之為「顛覆性的禮物」，同時也是「本校歷史上最大的校友捐贈」。二〇一六年五月，達赫達勒捐贈三百五十萬美元給蒙特婁的麥基爾大學（McGill University），資助神經科學研究新設的要職。他一九七五年獲得該校的管理學文憑。麥基爾大學稱讚他是英國最偉大的捐款人。二〇一六年十一月，達赫達勒捐贈六百多萬美元給「英國肺臟基金會」（British Lung Foundation）——同樣，這也是該組織收過最多的捐款。

約克大學為了表彰他的慈善之舉，於是授予達赫達勒最高的法學名譽學位[8]。當他站上會議廳的中央講台時，他給了聽眾忠告：「要盡全力做個好公民。而且最重要的是，」他繼續說道：「當你們成功的時候，記得飲水思源。」當他站在講台上讚頌利他主義的美德之時，他在瑞士的資產被凍結了。自二〇〇九年，位於伯恩（Bern）的司法院辦事處，持續針對達赫達勒涉嫌洗錢提出刑事訴訟，並已凍結超過六千萬美元——這筆巨款可能只是達赫達勒總財產的一小部份。

達赫達勒透過賄賂賺了數百萬美元，這只是他非凡職涯的第一步。在一連串行動中，他洗錢並且在全球自由主義菁英圈獲得聲望與地位。一切過程始於美鋁公司。達赫達勒一遷到美鋁的瑞士辦事處，就踏入該公司的勢力範圍。二〇〇〇年五月，美鋁與另一家美國鋁業巨頭雷諾斯（Reynolds）合併，變成世界上最大的鋁業公司。在批准合併之前，歐盟執行執委會要求美鋁出售部份歐洲資產，以防止壟斷。在該公司必須出售的股份當中，有部份是一家雷諾斯併購的精煉廠（位在德國施塔德〔Stade〕）所有權的百分之五十。而買方就是達赫達勒，他那時不再是貪腐的中間人，而是全球鋁業的重要參與者。

二〇〇四年六月，施塔德精煉廠剩餘的百分之五十也在尋求買方。賣方是挪威能源公司挪威海德羅（Norsk Hydro）。達赫達勒當時付了一億一千萬美元，擁有施塔德冶煉廠的全部股份[9]。這一次收購，還讓他獲得一家公司百分之十股份，這家公司名叫「哈爾柯」（Halco），是多家公司組成的聯盟（包括力拓〔Rio Tinto Alcan〕與美鋁），擁有幾內亞鋁土礦公司（CBG）百分之五十一股份。後者是一家幾內亞共和國的鋁土礦開採公司。（剩餘百分四十九的股份由幾內亞政府持有。）幾內亞鋁土礦公司擁有全球最大的世界鋁土探明儲量之一的專屬權，而達赫達勒現在也分得一塊。那時開始，他身在貝爾格萊維亞區的豪宅，開始直接從非洲採購自己的鋁土礦，並送往德國的精鍊廠。他搖身一變，成為垂直整合的鋁業大亨。

到了二〇〇〇年代中期，達赫達勒展開第三項行動：成為國際慈善家。他以自己的名義成立基金會，向大學、醫學研究和自由主義事業捐贈了數百萬美元。也給了國

8 編注：給對社會某領域有傑出貢獻者的學位，是一種終身榮譽。
9 據挪威海德羅公司的公開檔案，當時成交價為七億五千萬挪威克朗，約為一億一千萬美元。

際危機組織（ICG）數千美元——一個總部設在布魯塞爾（Brussels）的人權組織，並支持倫敦帝國學院（Imperial College）的癌症研究；兩萬多美元則捐給倫敦左翼智庫公共政策研究所（IPPR）。二〇〇七年時，全國民族聯盟（NECO）授予達赫達勒「國際埃利斯島榮譽勳章」；此殊榮是為了表彰在「專業、個人或慈善貢獻上有益於全球社會」的人。

達赫達勒進入更高層的社交圈，向英格蘭的工黨捐款，並成為布萊爾與柯林頓的朋友。在他完全掌控施塔德的二〇〇四年，就已經開始捐款給柯林頓基金會，據傳捐款的金額落在一百萬到五百萬美元之間。（該基金會沒有透露實際金額。）柯林頓基金會和達赫達勒基金會共同提供了一項獎學金，使貧窮國家的傑出學生，特別是中東地區，能夠進入麥基爾大學就讀。

麥基爾大學恰好是達赫達勒慈善事業最輝煌的時刻：二〇〇九年，他說服學校授予柯林頓名譽學位。更令人印象深刻的是，美國司法部對美鋁、達赫達勒的刑事調查進行得如火如荼之際，他竟然說服柯林頓前往蒙特婁領受那項榮譽。十月十六日上午，當柯林頓站在約七百位觀眾面前，達赫達勒驕傲地笑著，親自將垂布（hood）掛在柯林頓的肩上並授予學位。在這場典禮的影片記錄中，達赫達勒給了柯林頓一個情意深厚的擁抱。

柯林頓在致詞中，稱達赫達勒是「我的好友」。其演講將近一個小時，三番兩次重提「道德責任」的必要性。他在全球不平等、以及操縱底層的社會結構方面，提出了許多統計數據，數字精確而可怕。

他把收集到的眾多統計數據放進精彩的演講內容，這些數據準確又有力地說明全球不公的現象、用來操縱窮人的結構。假如他那時也說出達赫達勒的故事，就能充分說明企業賄賂（尤其是美鋁那種規模）如何透過授權給專制政權，加深了不平等現象，並削弱了民主的前景。

如今，達赫達勒繼續他的慈善事業，在倫敦與另一個大宅邸之間分配時間——後者是他與妻子在瑞士保德斯（Paudex）的大房子，坐落在一條僻靜的小巷，距離洛桑的「達勾」公司總部——這一切的起始點——只有十五分鐘的車程。在那裡，達赫達勒在他老舊的莫里斯酒店建築裡，繼續從他與美鋁的長期關係中獲益。哈爾柯公司，即他們在幾內亞的合資公司，二〇一五至二〇一七年的盈餘為一億一千七百萬美元，達赫達勒拿走了百分之五。

中間人這個角色，闡明了高層商業貪汙最具破壞性的後果之一：這是個令人不安的循環，聲望為貪汙鋪路，貪汙繼而為更高的聲望鋪路。美鋁在匹茲堡的審判期間，代表巴林鋁業的律師吉本斯（Charles Gibbons）某天下午說道：「真相會沿著你詢問的問題軌跡，展現在你的面前。」達赫達勒一生職涯，正說明了謊言總是堆積在無人敢問的地方。

此話也適用於收賄的外國政府官員。如下一章所述，只有在西方強大的制度與專業（企業、銀行以及律師）選擇忽視黑錢的狀況下，貪腐的外國官員才有辦法收賄和洗錢。正如那些利用中間人的賄賂行為，貪腐帶來的影響不僅僅留於海外，反而回頭擾動國內的我們。

6

奈及利亞億萬船屋

A HOUSEBOAT IN THE SWAMPS

政治家如何透過律師團隊、法規漏洞，以及一層層空殼公司打造出複雜迷宮，在世界各地置產，卻讓調查人員與國家未來陷入迷霧？

二〇〇七年下半，當伊博里（James Ibori）——這位奈及利亞前三角洲（Delta State）州長被英國與奈及利亞警方團團包圍時，他要求他在倫敦的律師做了一筆不尋常的交易：在德州休士頓購買一座七千平方英尺、要價一百八十萬美元的豪宅。伊博里用現金付款。他在休士頓買豪宅其實沒有特殊原因，事實上，他跟德州一點關係也沒有。他一九九九到二〇〇七年當州長的年薪，只有一萬八千美元。

奈及利亞是非洲最大的經濟體，幾乎完全仰賴石油。絕大部份的石油（三百七十億桶）埋藏在三角洲的沼澤溪流，是世界上最令人覬覦的地區。伊博里曾經統治三角洲——那是歷史關鍵時期，也是石油開發、暴力空前的時期。當最重要的石油公司簽署數十億美元合約時，三角洲各部族因為自己土地的原油遭到掠奪，所以開始互相殘殺以控制資源，並恐嚇外國石油公司。這段期間，伊博里透過企業賄賂、盜用公款與詐欺，私下積累了一筆非法財富。

伊博里在倫敦的專業金融家和律師的幫助下，暗藏了數百萬美元在世界各地的房產與銀行帳戶。他的律師安排好一切，讓他資產的擁有者是一堆密集的空殼公司，而且沒有一家跟「伊博里」這個名字有瓜葛。他在休士頓的豪宅，是以空殼工程公司

「ＭＥＲ」的名義買下。之後，英國與奈及利亞的執法機關認定，這家空殼公司是一件神秘賄賂案的主要破案關鍵。

自二〇〇五年，英國警方一直在調查伊博里的影子帝國（因為他大部份的資金都流經倫敦），也追蹤並凍結他的三千五百萬美元資產。蘇格蘭場[1]的檢察官為了搜集證據，不斷往返奈及利亞首都阿布加（Abuja）——證據包括一份可疑的商業合約，將伊博里與全球最大的兩家石油公司牽扯在一起。雪弗蘭和殼牌石油（Shell Oil）。

他們發現，雪弗蘭和殼牌石油在尼日河三角洲（Niger Delta）租用了兩艘船屋。船屋基本上就是漂浮的宿舍，能讓沼澤地的石油工人、安全人員在裡頭睡覺。二〇〇四至二〇〇七年間（伊博里的第二任期），這兩家石油公司存了三百四十萬美元到倫敦巴克萊銀行（Barclays），據稱用途為船屋租用。這筆交易除了雪弗蘭和殼牌石油付租金給ＭＥＲ這一點，其他看似尋常。巴克萊銀行的帳戶名稱也是ＭＥＲ的名義持有，實際上由伊博里掌控。雪弗蘭和殼牌石油辯稱，他們在伊博里擔任州長期間給ＭＥＲ

1　編注：蘇格蘭場（Scotland Yard）是英國人對「倫敦警察廳」總部所在地的稱呼。

數百萬美元並無不妥，伊博里則聲稱，那些款項是合法商業所得，因為他早就從公司辭職了。但這個故事在美國、英國與奈及利亞的法庭訴訟中，卻有著不同版本。這起英國歷史上最嚴重的腐敗案件審判，核心問題在於：雪弗蘭與殼牌石油，是否曾對奈及利亞最殘酷的政治人物伊博里行賄？負責調查伊博里的奈及利亞前警官利巴杜（Nuhu Ribadu）說：「他根本是艾斯科巴[2]等級。」

當伊博里的帳戶收到MER的船屋租金，他的律師便用祕密銀行帳戶來洗錢，最終把錢分散到其他資產上，包括名車、英國房地產、私人飛機的頭期款，以及德州豪宅。如果雪弗蘭和殼牌石油給的錢是合法商業所得，為什麼伊博里還要費盡心思去藏錢、洗錢——全都作為私人用途？「我認為雪弗蘭的那些合約都有貪汙。」二〇一三年，一位蘇格蘭場檢察官在人滿為患的倫敦法庭上說道。

雪弗蘭和殼牌石油雖然從未依行為不當被起訴，但他們與伊博里的交易，以及伊博里如何處理他們的錢，卻說明了貪汙的官員如何收受、轉移與掩蓋賄賂。在數百萬美元的高端賄賂行為之中，受賄者通常不想要現金，當然也不希望現金送到他們的國家。「像伊博里這種人，會想在國際金融體系裡收賄，然後拿走最上層的利潤，最後洗錢。他們想要一個安全網，一個保險箱。」倫敦反貪腐組織「英國租稅正義聯盟」（Tax Justice UK）的洗錢專家帕爾默（Robert Palmer）解釋道。

為了能充分享受賄賂利益，外國官員需要空殼公司來掩蓋真實的所有權。用空殼公司的名義在知名銀行（如巴克萊）持有帳戶；以空殼公司的名義在紐約、華盛頓等一線城市持有房地產；用律師與財務顧問的團隊，組建、管理空殼公司並執行必要交易。綜上所述，這些元素構成一種加密技術，掩蓋了賄賂與收款人。過去十年來，國際執法機關調查了幾乎所有的企業賄賂計畫，甚至追溯至一九七六年洛克希德的賄賂案，發現手法如出一轍。

伊博里的獨特故事，說明了貪汙的誇張個案，可能只是因為一系列失敗的制度——這是一條鎖鏈，連結了世上最大的兩家石油公司、世上最大的多家銀行、境外空殼公司系統、法律金融服務專業，以及美國與英國的豪宅市場。

2 編注：艾斯科巴（Pablo Escobars）是哥倫比亞大毒梟，也是毒品恐怖主義份子，倚靠生產與走私古柯鹼致富。

◆

拉沃斯河（Escravos）是幾內亞灣的古老定居地，位於三角洲西部，早在十六世紀就是葡萄牙商人的主要奴隸來源。葡萄牙當時稱該地區「rios dos escravos」，意指「奴隸河」，這個名稱歷久不衰。一九九八年，雪弗蘭在這片沼澤荒地上投入了十億美元的設施，由七百名奈及利亞人值班運作。直到伊博里一九九九年初上任時，雪弗蘭每天生產四十二萬桶三角洲原油，讓這片沼澤成為世上最有利可圖的石油設施。

但緊接著發生暴力事件。

組成三角洲社群的部族——伊爵族（Ijaw）、伊策基里族（Itsekiri）以及烏爾霍博族（Urhobo）長期以來都在爭奪權力和領土。一九五六年，首次發現的石油進一步加深了部族間的嫌隙。這些族群眼睜睜看著自己的土地抽出三千億美元的原油，讓在首都阿布加的石油巨頭與權力菁英們富有，但他們自己的村落卻依舊貧困，大多沒有電力或自來水。每個部族都想分一杯羹，才能修建道路和學校。當他們的希望落空，所有人開始互相指責。到一九九九年，種族差異促使伊爵族與伊策基里族敵對，而伊策基里族與烏爾霍博族敵對，演變成全面戰爭。

直到二〇〇〇年，雪弗蘭的拉沃斯油庫成為流血事件的焦點。部族的民兵多年來都在小灣內互相廝殺，後來他們開始攻擊雪弗蘭的建築、綁架工人並殺害美國顧問。伊爵族的激進領導人警告道：「我們已經告知雪弗蘭和殼牌石油，也通知所有人——立刻撤出所有場地的工人。」二〇〇三年三月，雪弗蘭和殼牌石油基本上已經遵守協議，放棄了數十口油井。拉沃斯第二年處於閒置狀態，使雪弗蘭損失了十億美元。衝擊的影響範圍遠遠大於三角洲。奈及利亞當時是世界上第六大石油生產國，每天出口兩百萬桶石油。委內瑞拉和伊拉克情勢不穩定，所以當時全球的石油供不應求。而當三角洲地區的石油產量暴跌超過百分之三十時，國際石油價格飆升，引發了全球市場恐慌。

正是伊博里促成了部族之間的恐怖和平，他一邊規勸激進份子，一邊斥責種族首領，並對飽受蹂躪的社區深表同情——這一切都歸功於他坐豪華遊艇四處跑，身旁保鑣全付武裝，包括火箭推進榴彈與突擊步槍。當他察看雪弗蘭在埃碧泰（Abiteye）被破壞的設施時，他強忍著眼眶的淚水，記者都在一旁看著。「建立這些供應站，是為了促進本國的社會經濟發展，」伊博里說：「因此，這些不良分子的行為非常浪費資源。」

目前還不清楚伊博里到底暗中給過何種承諾，但他的外交手段奏效了。在氣氛緊張的談判中，他擅長向各方說出他們想聽的事。他私下會見雪弗蘭的高層主管，對於慘遭破壞的資產公開表達惋惜。但他也對當地人的看法表示認同，因為石油公司並未給予公平對待。「我對他們深表同情。我來自這個社群，所以我非常能感同身受，」伊博里對記者說：「除非我們把石油的收益用於修建學校，讓我們的孩子能上學，或把錢投入各行各業，否則很難走得長遠……上帝禁止我們把這些錢放進任何人的口袋。」他這樣告訴他的選民。他沒有說的是，他早就暗中與雪弗蘭、殼牌石油勾結，在人民最需要他的時候，他卻利用這些公司大賺一筆。

這些部族同意維持和平，而雪弗蘭和殼牌石油歸返三角洲。二〇〇四年二月，伊博里親自帶領一群社群領袖、記者來到埃碧泰的油田，而不是雪弗蘭的長官帶領，象徵雪弗蘭的回歸。多虧伊博里，拉沃斯的工廠如今成為雪弗蘭旗下奈及利亞合資企業的「掌上明珠」。

二〇〇八年一月二十八日，美國駐奈及利亞大使坎貝爾（John Campbell），在他的總領事布萊爾（Donna Blair）陪同下，參觀雪弗蘭的拉沃斯河工廠。由當時雪弗蘭駐奈及利亞的董事總經理尼爾森（Fred Nelson）負責招待。正如維基解密所記，布萊爾在國務院電報中提到，大使館代表團注意到拉沃斯河沿岸有數十艘船屋。船屋是整個尼日河三角洲的共有特色，但在這幾區很反常。

雪弗蘭的高層主動表示，公司正在向伊博里的一家租賃公司租用幾艘船屋。布萊爾在電報中指出，伊博里當時被奈及利亞當局依一百條貪汙罪名起訴，他補充道：「高層主管說，雪弗蘭在租船時並不知道租賃公司屬於伊博里。高層主管對這種關係感到擔憂，表示雪弗蘭正在調查與這些租約有關的所有選擇。」

幾週後，尼爾森出席奈及利亞報刊編輯在阿布加舉辦的午餐會。過沒多久，人們開始懷疑雪弗蘭是否與MER簽訂合約，以及這些文件是否合法——這暗示著船屋合約只是雪弗蘭與殼牌石油賄賂伊博里的擋箭牌。根據當時的報刊報導，尼爾森對此解釋：「我們與MER簽了一份船屋合約，」但他接著說：「我聽說這家公司的業主是前州長。但合約中沒有不妥的部份。我們沒發覺有異狀。」

二〇〇四年，雪弗蘭和殼牌石油的油井恢復供應的同時，這兩家公司也在倫敦巴克萊銀行存入三百多萬美元到ＭＥＲ的帳戶。一位不願透露姓名的前蘇格蘭場檢察官透露，雪弗蘭這筆付款直接來自加州聖拉蒙區（該公司總部所在地）的銀行業者。那時，一位倫敦的律師開始將這些資金轉移到世界各地，以便最終落入伊博里的口袋。

◆

倫敦的兩人律師事務所「阿靈頓沙瑪事務律師」（Arlingtons Sharmas Solicitors）專攻商法和財產交易。他們的辦公室位在中倫敦聖詹姆士區阿靈頓街的一棟四層磚砌建築。該公司其中一位合夥人沙瑪（Vijay Kumar Sharma）是公認的法律界翹楚，任職於多個國際非營利組織的董事會，包括奧地利的智囊團「薩爾斯堡全球研討會」（Salzburg Global Seminar）。二〇〇四年，沙瑪是薩爾斯堡新歐洲憲法專題討論會上的幾位傑出演講者之一；其他參加者包括美國最高法院安東尼大法官（Anthony Kennedy）和時任捷克共和國克勞斯總統（Václav Klaus）。而沙瑪的妻子普拉沙爾女爵（Usha Prashar）從一九九九年以來一直是上議院的議員。

阿靈頓沙瑪事務律師的另一位合夥人是古希爾（Bhadresh Gohil），他是公司商務部的負責人，同時也是公司的反洗錢官員。古希爾在一九九〇年代初加入該事務所，現年五十多歲，身材高大，肩膀寬闊，口音高雅且沉著冷靜，會讓人聯想到一位梅費爾[3]的前事務律師。二〇一一年，他因為涉入英國史上其中一個最大規模的貪汙醜聞，擔任主要洗錢者而被定罪，入獄三年，但他仍持續否認所有指控。他說：「憑良心講，我什麼都沒做。」他說自己從來沒有洗過伊博里的錢，也不曾試圖隱瞞伊博里的資產所有權，只不過是利用特殊手段來籌畫資產。

英國警方宣稱古希爾過著雙重生活。雖然他是該公司的反洗錢官員，但他也開始研究非法資金的藏匿。在公眾的關注範圍之外，他吸引了許多知名客戶；這些客戶有驚人的政治權力、財富，以及貪汙，而都將成為他的敗筆。他的辦公室壁爐後面有祕密隔間，裡頭藏有兩個硬碟，有他犯罪的證據。「他堅持自己是正直的人。」薩瑟克刑事法庭（Southwark Crown Court）的法官描述。

早在一九九六年，那時古希爾三十歲出頭，就已經開始在模里西斯、黎巴嫩、瑞

3 編注：梅費爾（Mayfair）是倫敦的上流住宅區。

士以及塞席爾等國註冊大量境外空殼公司。這些公司有合法的企業功能——兩家公司合併時，通常能當作控股公司——但主要目的是讓業主保有匿名性。「組織犯罪者會成功用空殼公司創造出神秘面紗，與貪官汙吏的做法大同小異。」負責反洗錢案的聯邦調查局特務說道。

舉例而言，如果有人想買房產，但不希望是在自己的名下——名人常用招數——那他可以自己成立一家空殼公司（或聘請律師來做），然後將房產放在空殼公司的名下。英國和美國差不多，實踐這些事情易如反掌。整個過程只需要幾分鐘，完全可以在線上完成，只需要花幾百美元，而且除了駕照或政府簽發的身份證，幾乎不用其他證明文件。

儘管單一家空殼公司功能有限，但它能成為空殼公司宇宙的其中一顆星，方式如下：空殼公司A擁有空殼公司B，而空殼公司B擁有空殼公司C，空殼公司C又持有空殼公司A的一半股份，以此類推——直到該實體的真正所有權被埋在遍布全球的成堆文檔之中。唯有精通法庭知識，才能揭發反洗錢專家所謂的「分層」現象——透過一層又一層的虛構實體，將業主與他實際擁有的實體層層拉開距離。分層現象阻礙了執法過程，讓罪犯有時間隱瞞罪行然後潛逃。「他們知道每花一美元或一分鐘在分層上，政府要追蹤就得花十倍的時間與金錢。」美國司法部前檢察羅弗森（Ryan Rohlfsen）解釋道。若將每家空殼公司都連接一系列銀行帳戶，一大批分層的空殼公司就會變得更加強大。銀行帳戶不必開設在註冊公司的國家。事實上，在不同國家開立銀行帳戶通常會很有利，因為將分層再加上一層。

古希爾的事業在二〇〇五年春季達到巔峰，他回憶道：「我曾是備受矚目的人生勝利組。我相信自己是優秀的律師。」後來有人把他推薦給潛在的新客戶：伊博里。古希爾當時還不知道這件事，而蘇格蘭場的貪汙收益單位才剛對伊博里展開調查。古希爾飛到阿布加進行「KYC—認識你的客戶」（金融行業術語，指盡職調查〔due diligence〕），以確認潛在客戶的合法狀況，且無不良行為記錄。伊博里設酒宴款待古希爾，在他富麗堂皇的家裡宴請了幾個小時。古希爾回憶：「你的客戶名單上有州長，這件事相當令人興奮。那是榮華富貴，那是個有權有勢的人物。」

古希爾說自己沒察覺到「警訊」，暗示他應當提防伊博里。「伊博里從來沒有叫我洗錢，」他說：「他有話直說。他的第一件事是說『我住在奈及利亞，但是我的孩子在英國上學。你能幫我付款嗎？』錢來自英國的銀行和巴克萊銀行。他不是說『巴德瑞許，幫我把這些錢藏起來』。」

無論如何，英國警方表示古希爾有協助藏錢。二〇〇五年四月左右，古希爾將數百萬美元從倫敦的MER銀行帳戶，轉移到在塞席爾註冊的史坦霍普投資公司（Stanhope Investments）控管的瑞士帳戶。他把交易細節記錄在外部硬碟，然後放回原本的祕密隔間。（古希爾解釋，他把硬碟藏起來，是因為辦公室曾兩度被闖空門，他擔心電腦被偷，貴賓的資訊會不見。）伊博里很快就到倫敦西區拜訪一家賓士（Mercedes-Benz）的經銷商。他利用「史坦霍普投資」從瑞士帳戶轉出的錢，花了四十二萬兩千美元，購買一輛有裝甲的邁巴赫62——豪華轎車風格，手工訂製，深受名人青睞的一款車。他把邁巴赫運送到南非的約翰尼斯堡（Johannesburg），他在那裡有一棟五百多萬美元的房子。

◆

在國際企業賄賂的世界裡，船屋合約這種文件有時並不是表面上那麼簡單。「你必須檢查那些看起來無害、不相干的東西。但在那種狀況下是有問題的，而且會發出危險警訊。」華倫（Andrew Warren）談到調查賄賂交易面臨的挑戰時如此解釋。他二〇一五年從美國司法部《海外反腐敗法》單位退休。他補充說，在賄賂案件中，調查員必須不斷仔細審查，逐層剝離交易，才能得出真相：「這是巧合，或者是有意？或者，這一切都只是為了掩蓋賄款而設計？」

雪弗蘭和殼牌石油與MER簽署的合約，正好提出了這些問題：為什麼三角洲有這麼多可用的船屋，這兩家公司卻偏偏選中伊博里的船屋，又剛好在天然氣危機影響三角洲、全球石油供應，以及石油公司營收的那一刻，付給MER數百萬美元？伊博里是否用當地部族的和平協商來當籌碼，勒索這些公司對他行賄？根據認罪者的說法，在奈及利亞的石油與天然氣產業，這種賄賂手法相當普遍。支付賄款往往是為了確保專案繼續順利進行。誠如一位美國工程公司「凱洛格—布朗—魯特」前高層主管在德州被判刑時，告訴法官：「賄賂有其必要……在奈及利亞，與其說是要贏得生意，不如說是為了確保生意能繼續進行。如果沒有適當的安排，奈及利亞的各方名流就會從中做梗，一直都是這樣。」

或問，是雪弗蘭和殼牌石油主動，欲提供伊博里數百萬美元，希望他繼續支持，在環境不穩定的狀況下還能確保公司的最大利益？美國商人諾瓦克（Paul Novak）說：「在石油與天然氣行業，你付的不是賄款——你付的是感恩，」諾瓦克在奈及利亞行賄後認罪，曾在美國聯邦監獄服刑一年。他解釋，奈及利亞當權的官員都希望那些營收數百萬美元的外國公司，透過賄賂來表達感激之情。「你會感覺，有上帝的保佑。你就快要發大財了，你應當心存感激，你也應該分出一些財富。」

自一九七七年起，《海外反腐敗法》規定，如雪弗蘭等企業應維持內部控管制度，以降低賄賂政府官員的風險。這個過程的基礎，是在與第三方（如船屋公司）簽訂合約之前先進行盡職調查，以確保對方與政府官員之間沒有可疑關係。那種關係常見於賄賂計畫中，其中許多已經在美國司法部裁決的《海外反腐敗法》案件中被揭發。二〇〇四至二〇〇八年間，大型石油服務公司「威德福國際」（Weatherford International）與安哥拉當地的承包商有業務往來，一切看似合法商業安排，實際上安哥拉政府官員及其親戚卻暗中操縱。這份合約的唯一目的，是讓威德福國際的子公司把十萬美元的賄款轉移至官員。

根據維基解密記錄的國務院電報，雪弗蘭高層聲明，他們不知道自己租用的船屋是伊博里的。該公司若非沒有對MER進行基本的盡職調查，否則就故意忽略了船屋與奈及利亞領導人有關聯的明顯線索。布瑞康（Bracon Limited）是一家為雪弗蘭和殼牌石油建造MER船屋的公司，他們官網照片顯示有問題的船隻分別以伊博里的妻子和母親命名——特蕾莎夫人號（Lady Teresa）和康福特夫人號（Lady Comfort）。

假如這種關係還不夠明顯，那簡單檢查一下MER的所有權結構，也會發現伊博里與該公司長期保持聯繫。奈及利亞的企業事務委員會（Corporate Affairs Commission）負責保存在奈及利亞註冊的企業檔案，即便這些檔案不對外開放，律師還是可以從檔案取得資訊。MER的記錄顯示，伊博里一九九二年四月六日成立MER，並持有一萬股中的九千九百九十九股。（剩下的一小部份由他的律師埃比〔Chiedu Ebie〕持有，就是他負責購買休士頓的豪宅。）MER的文件指出，伊博里一九九九年五月二十一日辭去公司董事職務，在當選州長不久前放棄了股權。但同時也表明伊博里仍與公司保持聯繫。二〇〇二年，MER的股票重新分配：埃比得到九千九百九十九股，而一個叫波格桑（Adebimpe Pogoson）的女人得到了一股。波格桑是伊博里的私人助理，這在奈及利亞眾所周知。據奈及利亞的報刊報導，伊博里從政前曾在一九九七年聘請波格桑，當時他是奈及利亞報刊《飲食》（*the Diet*）的編輯。英國與美國執法機關表示，波格桑是巴克萊銀行帳戶的唯一簽署人。雪弗蘭和殼牌石油從倫敦匯給她數百萬美元，他們理論上應該履行盡職調查，以了解她的底細。

「付錢給第三方是公司有麻煩的第一區，」庫基斯（James Koukios）說道，二〇一四年之前他擔任美國司法部《海外反腐敗法》單位的副組長。他補充說，對一家公司來說，說沒有意識到外國公司的實際所有權，可能不足以拿來辯護。「你在某些狀況是可以這樣說。但根據《海外反腐敗法》，如果你有注意到這些錢很可能會流到外國官員手中，那就算知情了。所以你別想蒙混過關。但同理，你如果是真的被騙了，那你的說詞就過得去了。」

伊博里本人並沒有否認他擁有MER，而且多次證實雪弗蘭和殼牌石油有付款給MER。但他聲稱石油公司給的款項完全合法，因為他在一九九九年成為州長時，就已經辭職了。然而，事實證明他的主張有誤。二〇一二年，美國司法部應英國皇家檢察署的正式請求，對伊博里在美國的所有資產施加限制令，包括在休士頓的豪宅，還有他在華盛頓特區麗思卡爾頓酒店（Ritz-Carlton）兩間價值四百萬美元的公寓。美國官方文件顯示，伊博里「擔任州長期間，持續積極管理ＭＥＲ的營運」，以此為證，文件指出「伊博里州長曾經：一、在二〇〇二年向加拿大皇家銀行信託（RBC Trustees(Guernsey), Ltd.）承認自己在多家公司享有商業利益，包括ＭＥＲ；二、在二〇〇四年向烏克蘭私人銀行（Privatbank）承認自己是ＭＥＲ的大股東。」最重要的是，伊博里也「在二〇〇四年二月向巴克萊銀行證實自己擁有數家公司，包括ＭＥＲ」。

英國對伊博里案的調查負責人——前蘇格蘭場檢察官沃爾特斯（Gary Walters）也認為與雪弗蘭和殼牌石油的合約有弊端。「原因在於，那些船本來是工人或保全人員的住所，因為那時不斷發生綁架事件。雪弗蘭和殼牌石油應該要使用這些船，但他們沒這樣做。」在倫敦退休的沃爾特斯說道：「所有的公司，雪弗蘭和殼牌石油也是一樣，他們都有自己的安全措施，」他補充說明，如果這些公司已經有嚴密的安全措施，就不會需要那些船屋。沃爾特斯表示，雪弗蘭和殼牌石油尚未接受調查，因為警方太過關注伊博里，所以沒有充分調查石油公司的賄賂指控。畢竟，英國警方當時對企業賄賂問題並不如今日重視。

沃爾特斯的團隊與奈及利亞調查人員都試圖了解更多MER的合約情況，但他們說自己屢次受挫。阿布加的一位奈及利亞調查員聲稱，伊博里運用自身影響力，讓警察機構「經濟金融犯罪委員會」（EFCC）中的幾位調查員（連他在內）被解雇和騷擾。他說，委員會裡負責此案的其他調查員被逮捕，而MER與雪弗蘭合約的相關證據也消失不見。（在當時郵件中，伊博里、古希爾與其他關係人討論道，就算對伊博里的調查「在英國沒辦法搓湯圓」，但在奈及利亞可以。）一位不願透露姓名的前蘇格蘭場檢察官表示，他們的檢察官小組原先計畫與經濟金融犯罪委員會一起到拉沃斯河檢查船屋，但奈及利亞的司法部卻對該委員會下禁令，阻止他們調查三角洲。他補充：「過了幾週，三角洲政府辦公大樓發生火災，經濟金融犯罪委員會所需要的大量文件都燒毀了。」

◆

二〇一二年四月十六日上午，倫敦薩瑟克刑事法庭的九號法庭內坐滿了人。五十三歲的伊博里站在玻璃隔板後面的被告席。他身穿灰色西裝，打藍色領帶，向他的支持者揮手致意。這些支持者早上七點就聚集在法院外面；許多人從奈及利亞飛過來為他打氣。十一點之後人群激增，以至於警方在法院周圍設起警戒線，並出動直升機從空中監視。

「從伊博里當選的那一刻起，他就讓自己走上致富之路，代價是世上最窮苦的那群人。」審判開始後，英國負責此案的首席檢察官沃斯（Sasha Wass）在法庭說道：「他擔任州長期間，貪腐變本加厲，狂妄與日俱增。」

將伊博里繩之以法並非易事。這位前州長逃往杜拜之前，還兩度從奈及利亞警方的指縫間溜走。二〇一〇年四月，他住進一家五星級酒店的幾天後，當地警方按英國政府的正式要求將他逮捕。蘇格蘭場決定自行處理，宣稱有此案的審判權，因為伊博里透過英國的銀行以及在英國註冊的空殼公司，利用他在倫敦的律師洗錢並侵吞款項。伊博里後來在杜拜服刑一年，終於在二〇一一年四月飛往倫敦。

英國官方查找到的證據多達六萬五千頁。沃斯與她的團隊對伊博里提出二十三項指控，說伊博里從三角洲騙取的金額高達兩億五千萬美元。他被控獨占七千九百萬美元，並協助其他商業夥伴與同謀竊取其餘款項。官方指控，僅在其中一筆交易中，官方聲稱伊博里操縱合約，並在三角洲出售所持有的奈及利亞公司「V移動」（Vmobile）股份時，保留了三千七百萬美元。雖然伊博里準備好在審判中與指控搏鬥，但他卻在開庭第一天改變了主意，對共謀詐欺、洗錢做出十項認罪，不過僅限於他個人的七千九百萬美元。他對其餘指控拒不認罪。

在伊博里抗辯後，皇家檢察署仍將他盜取的資產沒收，但聽證會必須先確定他實際竊取的金額。整個訴訟過程中，沃斯一直把伊博里的國際貪汙網絡焦點牢牢放在MER，以及這家公司與雪弗蘭、殼牌石油間的爭議關係。沃斯的量刑聲明如下：「伊博里有辦法影響與雪弗蘭、殼牌石油和國營的『奈及利亞國家石油公司』（Nigerian National Petroleum Corporation）簽訂的合約……在三角洲營運的多家石油公司與MER之間的合約有貪汙情形。」

企業賄賂當然不是伊博里致富的唯一途徑，卻是他致富的重要途徑。如果雪弗蘭和殼牌石油確實賄賂伊博里，那麼，這些錢對這位非洲權力代理人的崛起，以及其暴力、嚴酷的統治，有著至關重要的作用。「這就是我們試著傳達的訊息，」一位美國司法部官員說道，解釋類似案件的假設關係：「大型石油公司去到非洲小國，付錢給該國總統，用那種偷偷摸摸的方式，透過總統的親信進行賄賂——親信還會在旁主導謀殺反對者。」

在伊博里案的訴訟期間，有個問題並沒有獲得解決：雪弗蘭和殼牌石油給ＭＥＲ的款項是否合法？而如果合法，為何匯入ＭＥＲ銀行帳戶的錢，最後洗錢並用於伊博里的個人利益？由於英國官方與美國當局均未指控雪弗蘭、殼牌石油，未提到兩家公司與ＭＥＲ的交易有不當行為，所以他們沒有法律義務與英國警方合作。事實上，當英國當局與這兩家公司交涉時，他們都不願提供證人證詞或其他能證明ＭＥＲ合約合法的文件。正如沃爾特斯所言：「如果證人不情願——就是在說雪弗蘭和殼牌石油——你也不能拿他們怎麼樣。」

伊博里的充公聽證會如果繼續進行，可能會讓ＭＥＲ與殼牌石油、雪弗蘭合約的更多細節浮出水面，但由於一個意想不到的新賄賂情節（諷刺的是還牽涉到英國警方）聽證會將永難繼續。

◆

在那個世界，伊博里不會單獨行動，也無法單獨行動。即便古希爾對建立必要洗錢結構的方式瞭若指掌，但連他自己也沒有行動。對於高級官員來說，第一世界通常有一支專業隊伍（包括事務律師、銀行家和金融家），助長犯罪並從中獲取驚人財富。他們的重要性不僅在於他們的技能，也因為他們的專業地位能為金融機構製造機會。

舉例來說，普雷科（Elias Preko）確實就有足夠資格。這位哈佛畢業生曾在高盛（Goldman Sachs）工作，年薪一千兩百萬美元；他後來選擇個人創業，他這時給伊博里的妻子和情婦建議，教她們如何在根西島建立匿名信託，還有如何規避根西島的盡職調查，以免實際擁有者——伊博里的身份穿幫。普雷科用自己的聲譽來減輕加拿大皇家銀行行員對這些信託的憂慮。英國官方指稱，伊博里透過這些信託，從價格膨脹的官方合約中洗了五百萬美元。二〇一三年十二月，普雷科在薩瑟克刑事法庭被陪審團定罪，判處四年半徒刑。

複雜法律結構本身可能才是最大的法律漏洞——尤其如伊博里利用空殼公司——

這讓企業賄賂蓬勃發展，是國際執法機構努力偵查、起訴的最大障礙。因此，對這些結構的監管是遏止賄賂的最大挑戰之一，涉及了平衡個人隱私權的透明度，以及區分合法匿名、組織性犯罪兩者。

美國和英國都在努力對空殼公司的成立施加更嚴格的規定。這是一項數十億美元的全球性業務，卻在美國越來越普遍，如德拉瓦州、內華達州、俄勒岡州、懷俄明州與南達科他州等。在美國匿名註冊企業完全合法，而且沒有聯邦法律的任何規範。德拉瓦州、俄勒岡州等州也因此制定法規，針對那些極為有限的公司所有權公開資訊。「這不只是我們能投入並大放異彩的電腦數據庫——重點是伊博里就擁有這家公司。」美國司法部的一位官員解釋道。

這些企業未曾被要求歸檔公開記錄或保留任何記錄。為了確保更好的機密性，公司的實際董事甚至能提名代理人（如親屬或合夥人）代替他們擔任董事或股東。然後這些被提名人的名字，將出現在可能發現的任何文件中，而非實際業主的名字。為了讓機密性更進一步，可以聘請莫薩克・馮賽卡律師所（Mossack Fonseca & Co.）這種國際律師事務所來指派人頭。莫薩克・馮賽卡律師所成立於巴拿馬，在三十五個國家設有辦事處，專攻建立複雜的法律架構：它可能創建了空殼公司A，然後指派自己為A公司的提名董事，或者指派另一家空殼公司B為提名董事，又或是兩者皆為提名董事。

史坦霍普投資公司就是伊博里所使用的其中一家空殼公司；從MER收到資金後，史坦霍普投資公司在日內瓦銀行的帳戶成為他支付的管道，藉此買了邁巴赫，並付清私人飛機的頭期款。蘇格蘭場從古希爾那裡察覺到史坦霍普投資這家公司，但沒有公開文件能證明伊博里與殼牌石油的關係——直到非營利新聞組織「國際調查記者同盟」（ICIJ）二〇一六年三月發表《巴拿馬文件》（Panama Papers）之前都是如此。那是有史以來最大的境外公司記錄洩露事件，一名駭客從莫薩克．馮賽卡律師所的電腦伺服器中，竊取了一千一百五十萬筆內部記錄，包含電子郵件、護照照片與信函，並洩露給國際調查記者同盟。後者將這些資訊做成資料庫公開上線，令其可公開被搜尋，提供了有關全球二十一萬四千家空殼公司實際所有權的證明文件和資訊。

國際調查記者同盟透過那些流出的文件，發現史坦霍普投資和一家名為「朱爾斯」（Julex）的基金會有關聯，該基金會二〇〇三年在巴拿馬成立。理論上，莫薩克．馮賽卡律師所是朱爾斯的代理商，本質上是唯一的所有者。但莫薩克．馮賽卡律師所的內部記錄顯示，伊博里與其家人是該基金會的實際受益人。而朱爾斯又是史坦霍普投資的唯一股東，這表示，伊博里透過朱爾斯來控管史坦霍普投資。將伊博里和史坦霍普投資綁在一起的書面記錄——這種清晰的關聯是罕見例子。

美國當局過去十年所調查的高層賄賂計畫，大多都是利用空殼公司。有個案例特別複雜，惠普俄羅斯子公司聘請顧問利用龐大的空殼公司網絡（分別註冊在美國、英國與英屬維爾京群島）將數百萬美元轉移給俄羅斯政府高層。而其中許多空殼公司又是由其他空殼公司持有，所以幾乎找不到真正的所有者。美國司法部表示，受賄者拿錢之後，透過拉脫維亞、波士尼亞和立陶宛等國的另一批空殼公司洗錢，實際上創建了一個「國際迷宮」。惠普俄羅斯子公司對此認罪，並在二〇一四年交了一億八百萬美元罰款。「遇見這種問題，你一定會常常碰壁，」羅弗森說道。他多年來調查此類案件，包括惠普的案子。「空殼公司那個不斷旋轉的黑洞會變得非常深，以至於你不得不下定決心，然後退出。你會投入大量金錢和資源，有時你會發現回報越來越少。」

《巴拿馬文件》之後，全球正努力挑戰這種法律與金融結構所提供的保護。美國已針對空殼公司有幾項擬議法規。二〇一六年，紐約的眾議員金（Peter King）、馬洛尼

（Carolyn Maloney）與羅德島的參議員懷特豪斯（Sheldon Whitehouse）共同提出一項法案，要求所有在美國註冊的空殼公司，公開其「受益所有者」，即最終從所有權受益的人。歐巴馬總統也在二〇一五年預算中提議，不只是空殼公司，所有公司都必須將受益所有者的資訊呈報給國稅局，作為稅務申報的一部份。

這些改革，面臨企業登記產業、以及允許所有權保密的州政府與司法管轄區的強烈抵抗。有一大筆可觀的錢財岌岌可危。英屬維爾京群島提供六十萬家在當地註冊的公司嚴格的保密服務，每年因此獲益將近兩億美元。根據《今日美國》（*USA Today*）報導，內華達州一直在努力增強對企業的保密性，並從企業的註冊費得到一億三千八百萬美元。

在英國，公司註冊方式同樣簡單、且隱密性高，也成為了保密天堂。正如伊博里案等類似案件，濫用制度的現象十分猖獗。二〇一五年，當時英國首相卡麥隆（David Cameron）在新加坡發表演講，就拿伊博里案當作例子，表示英國需要採取更多措施來解決問題：「我認為，英國絕對不能是全世界黑錢的安全天堂。」我們需要阻止瀆職的官員以及有組織的犯罪份子，阻止他們在不被追蹤的狀況下，利用匿名空殼公司將不義之財用於投資倫敦的房地產。以被定罪的奈及利亞詐騙犯伊博里為例，他在倫敦的聖約翰伍德、漢普斯特德、攝政公園和多塞特郡擁有房產，錢是他從世上最貧窮的那群人偷來的。一項新法規在二〇一六年七月生效，要求在英國註冊的企業必須在文件中公開「重要管事者」——意思就是受益所有者。

儘管立法者竭盡全力，卻還是有其他漏洞存在。「如果你打算……這麼說吧，你打算暗中洗錢，但不想有任何人看到，那麼你應該考慮一下房地產，」美國司法部官員解釋：「你可以在比佛利山莊（Beverly Hills）買一棟漂亮的房子，而且沒有任何機構、部門會專門坐在旁邊，看那些房地產交易是不是可疑。」

美國在九一一襲擊事件之後，通過了《美國愛國者法案》[4]。其中一項條款要求房地產與代管者實施反洗錢計畫。但經過六個月，由於房地產業的遊說，美國財政部免除了規定。如今，房地產與代管者不必知道客戶的身份、或客戶購買的資金來源。

4 編注：《美國愛國者法案》（USA Patriot Act）是小布希總統二〇〇一年簽署頒布的國會法案，希望透過適當手段來遏止恐怖主義。

同時，利用空殼公司購買美國房地產的案例越來越多。《華盛頓郵報》（*The Washington Post*）研究指出，匿名公司在二〇一五年第四季收購的美國房地產高達六百一十二億美元，在超過三百萬美元的交易中占百分之五十八。伊博里的合夥人烏杜阿漢（Victor Uduaghan）成立空殼公司「平柳公司」（Flatwillow LLC），用來幫助伊博里隱藏麗思卡爾頓酒店兩間公寓的所有權。

一位聯邦調查局的洗錢專家指出：「有非常多外國貪汙政客在加州、華盛頓特區等都會區擁有房地產，這件事每每都讓我驚訝萬分。」但情況正有所轉變。二〇一六年，美國財政部的金融犯罪執法網（FinCEN）針對在曼哈頓、阿密戴德縣（Miami-Dade）購置的房地產發布新命令。該命令目前是暫時性的，要求產權公司確認空殼公司的受益所有者；這些空殼公司以前在邁阿密的現金購買價超過一百萬美元，而在曼哈頓的現金購買價超過三百萬美元。

英國的法規要求房地產經紀人只對賣方進行盡職調查，而不是針對買方。該法規假定買家的律師會做好盡職調查，但在伊博里這類案件中，買家的律師實際上有參與犯罪。如同在美國，匿名空殼公司在英國收購房地產也輕而易舉，即便是註冊在世界另一端也一樣。《衛報》（*Guardian*）最近的一項研究指出，境外空殼公司在英國擁有九萬筆房地產。（其中光是在英屬維爾京群島註冊的公司有兩萬兩千家。）

◆

對伊博里享有的財富而言，空殼公司和鬆散的房地產市場非常重要，代價就是剝削窮人。但就伊博里的貪汙而論，沒有什麼事比違反銀行制度更重要、或更令人震驚。

美國司法部查封伊博里的美國資產時曾經詳述，伊博里向巴克萊銀行證實自己是MER的銀行帳戶的實際擁有者。這種證詞等於承認了非法行為，因為奈及利亞憲法禁止州長持有外國銀行帳戶、擁有奈及利亞境外未申報的資產，以及維持私人公司的所有權。伊博里證實自己就是MER帳戶的所有者時，該銀行的法遵人員應該發出警告。伊博里名義上是「高敏感政治人物」（PEP），在金融監管上，指的是外國政府官員或重要的政治高層。在客戶可能有政治背景的狀況下，法律要求英國的銀行保持高度謹慎並持續檢查，因為接受他們的錢之後，可能會有很高的洗錢風險。

經過媒體多年報導，伊博里那時已是國際上眾所皆知捲入暴力地區的州長——而暴力與石油開採業密不可分。只要上網搜尋，就能知道他在貪汙盛行國度的政治地位以及他身陷的爭議。沃爾特斯表示：「巴克萊銀行從未將伊博里列為高敏感政治人物。」而MER的巴克萊銀行帳戶繼續收到三年存款。

薩瑟克刑事法庭上揭露的內情，即伊博里利用倫敦市進行洗錢活動——這件事讓銀行、監管機關和整座城市都更加難堪，因為貪汙的奈及利亞官員以前也這樣做過。據說奈及利亞前總統阿巴查（Sani Abacha）在一九九三至一九九八年執政期間竊取了四十億美元。奈及利亞調查員相信，其中有超過四分之一來自企業賄賂，包括西門子、德國軍火商富樂斯多（Ferrostaal）以及法國建設公司杜美茲（Dumez）支付的一億六千六百萬美元。英國監管機關在二〇〇〇年代初獲悉，阿巴查一九九六至二〇〇〇年之間透過倫敦的四十二個銀行帳戶，總共洗了十三億美元（包含他的部份賄款），其中有一億七千萬美元流經巴克萊銀行。跟伊博里一樣，阿巴查也運用空殼公司與專業金融家的關係網。消息曝光後，巴克萊銀行和其他銀行立誓要對洗錢加強控制。

但正如國際監督組織「全球證人」（Global Witness）在二〇一〇年的報告重點，巴克萊銀行、滙豐銀行（HSBC）、國民西敏銀行（NatWest）、瑞銀集團（UBS）和蘇格蘭皇家銀行（RBS）繼續從奈及利亞巴耶爾薩州（Bayelsa）州長阿拉米伊耶西哈（Diepreye Alamieyeseigha）和高原州（Plateau）州長達里耶（Joshua Dariye）等人接受數百萬美元的可疑存款。在一九九九至二〇〇四年間，達里耶將約七十萬美元的現金存入他的巴克萊銀行帳戶，而銀行似乎沒有監控。（拉米伊耶西哈後來遭奈及利亞法院判定三十三項洗錢罪；達里耶被英國警方依盜用公款罪名逮捕，但之後卻略過保釋，逃回奈及利亞。）巴克萊銀行與其他英國銀行，在阿巴查、阿拉米伊耶西哈或伊博里的違法洗錢活動中，都不曾因為違反英國銀行業法規而遭到譴責、罰款或任何責任追究。

評論家和監管機關指出，英國各家銀行仍有讓貪汙盛行的鬆散現象。二〇一五年，英國銀行業監管機關深入研究巴克萊銀行，調查它如何在一筆二十八億美元的交易中，避開對高級客戶的盡職調查規定。那是巴克萊銀行有史以來對個人的最大宗交易。銀行監管機關雖然表示沒發現任何金融犯罪的證據，但他們舉報巴克萊銀行「竭心盡力」避免對高敏感政治人物進一步提問（按法律要求）：「由此，巴克萊銀行動搖人們對英國金融系統的信心，且未能減輕金融犯罪帶給社會的風險。」當沃爾特斯被問到「目前為了防止伊博里這種外國官員從倫敦洗錢，是否有任何改變」時，他回答：

「沒有。」

美國的銀行也應該像英國的銀行一樣「了解他們自己的客戶」。但在監管鬆散這方面，美國銀行也有同樣悠久的歷史，曾有無數外國官員藉此洗錢。然而美國最近的賄賂調查顯示，當外國政府官員持有的帳戶疑似非法時，銀行已經比以往更主動對帳戶進行監控。二〇一〇年，有兩家美國銀行（司法部未公開名稱）注意到當時幾內亞礦業部長蒂亞姆（Mahmoud Thiam）的帳戶，因為他們收到蒂亞姆從其他香港帳戶轉移的數百萬美元。在美國司法部真正開始調查之前，兩家銀行就先行關閉蒂亞姆的帳戶，並稱這筆錢其實是蒂亞姆試圖洗錢的賄款。

不過以本案來說，帳戶持有者都是蒂亞姆自己。他其實可以透過空殼公司，利用美國銀行系統的重大漏洞，或許還不會被銀行注意到。直至今日，美國的銀行仍然不必有空殼公司註冊帳戶的所有者資訊，這在「了解你的客戶」的法遵規定方面有重大缺陷。財政部金融犯罪執法網為了彌補這個漏洞，到二〇一六年才提出新的金融法規，試圖要求銀行主動識別企業的實益擁有人（Beneficial owner）。根據金融犯罪執法網的準則，實益擁有人是指擁有公司超過百分之二十五股權的人。雖然有這個新規定，卻也很容易規避。只要控制持股比例在百分之二十五以下（至少在表面上），有心的竊賊與同夥就能躲過銀行。此外，依據金融犯罪執法網的新規定，銀行必須用空殼公司本身來確定實益擁有人。

◆

當古希爾坐在旺茲沃思監獄（Wandsworth）的牢房時，他做了一個上訴的計畫。他開始寄送匿名文件給倫敦警察廳、政府官員與記者。古希爾說，自己在監禁期間收到這些匿名文件，裡面洩漏出伊博里案一個令人不安的轉折：一位負責此案的蘇格蘭場官員居然反過來收賄，賄賂的是倫敦一家私人偵探社，而其實雇主就是伊博里。那家機構叫做「RISC管理諮詢」（RISC Management，簡稱RISC），利用行賄取得有助於伊博里辯護的內部資訊。依據古希爾的控訴，伊博里案經過多年初期訴訟，終於將充公聽證會正式延至二〇一五年四月。

皇家檢察署矢口否認這些指控，而蘇格蘭場花費了數個月調查，卻沒有發現有利證據。英國檢察官反咬古希爾偽造文件，並企圖扭曲司法程序。他原定於二〇一六年一月再次受審。

但後來又有了變化。在古希爾新審判前的法庭聽證會上，皇家檢察署提交支持他賄賂的聲明文件——原本官方堅稱這些文件並不存在。根據英國《每日郵報》（*Daily Mail*）報導，相關資料包括發票與票據，證實RISC的董事納基（Clifford Knuckey）曾在二〇〇七年與負責此案之一的蘇格蘭場檢察官麥克唐納（John McDonald）私下會面。RISC曾受雇於「史匹奇利伯沙姆事務所」（Speechly Bircham），而後者是伊博里準備雇來辯護的一家倫敦頂級律師事務所。RISC內部文件顯示，納基在與麥克唐納會面的兩天後，就為「機密資訊」給了「消息人士」五千英鎊。《每日郵報》報導，有另一份文件顯示在二〇〇七年伊博里調查期間，麥克唐納向他的銀行帳戶進行了十九次的現金存款。麥克唐納承認與納基會面，但否認有任何不當行為，而RISC和納基也都否認指控。史匹奇利伯沙姆事務所表示，對於RISC的不當付款並不知情。

二〇一六年五月，伊博里的充公聽證會延遲已超過一年。皇家檢察署在法庭上承認，已有「情報」證明納基曾與麥克唐納會面，並聲稱有收買行為。官方則認為該情報毫無參考價值，因為它來自於RISC的文件，而且之後的調查不能證明這些證據的可信度，所以從未公開。麥克唐納未曾被起訴。在此同時，根據《泰晤士報》，沃斯自請退出此案，並將起訴書還給皇家檢察署。二〇一八年四月，刑事法院認為古希爾的律師未能提供麥克唐納受賄的證據，因此駁回古希爾的上訴。

由於這些發展，導致了英國看似最引人注目的外國官員訴訟——一項持續了十多年的調查，旨在設立正義與透明度的新標準，涉及蘇格蘭場某些經驗最老道的警探，還花費了超過五百萬英鎊的納稅錢——結果可能即將撤銷，因為其中一位負責調查的官員身陷貪汙疑雲。伊博里也以警察行為不當為由，對他的審判提出上訴，一如古希爾當初對他的指控。

二〇一七年二月，伊博里服完十三年刑期的一半後，被悄悄釋放了。他登上飛機，回到奈及利亞。當時，他獲釋的消息幾乎沒有登上英國的主要報紙，卻在奈及利亞成了頭條新聞。當地媒體報導，這位前州長返回家鄉尼日河三角洲的奧加拉（Oghara）時，得意洋洋地揮舞著拳頭，身旁盡是欣喜若狂的群眾。

對於伊博里貪汙的指控，尤其是他與雪弗蘭、殼牌石油的關係，目前都迷失方向在這些事態發展的漩渦之中。可以相信石油公司撇清說自己與ＭＥＲ沒有不當關係嗎？伊博里的充公聽證會或許能提供更多線索。沃斯原本計畫在伊博里認罪前，亮出自己為此案所準備的證據，但那些細節永遠不會公開了。伊博里有效轉移眾人的注意力。曾與伊博里共事的奈及利亞前官員描述得相當貼切：「越想看盡他的醜聞，他反而越清白。」

無論伊博里留給後人什麼，都強化了西方慫恿貪腐政客的方式，助長有罪不罰的惡性循環、不公正的庇護與權力，幾十年來都阻礙了奈及利亞三角洲等地區的發展。「少數人利用自己的地位，將一切據為己有，不管其他人的死活，」奈及利亞前警官利巴杜說：「一旦發生這種情況，人民的生活肯定不會成長，沒有發展，也沒有轉變。」

像維克多（Victor）這種普通三角洲居民，是這種惡性循環的受害者之一。他來自河流州哈科特港的二十五歲男子，擁有機械工程學位，但前幾年他畢業後就一直找不到工作。他說，當他這種人在受苦時，一個菁英集團卻繼續享受著所有戰利品。「我們非常、非常生氣。我們從出生的那一天起，就不斷聽到一樣的名字——伊博里的女兒在下議院做事，而她父親曾經是州長，」維克多說：「焦點永遠是他們家的人，你懂我意思嗎？他們仍然統治著我們，卻口口聲聲說我們才是明日之星。從我出生以來，那些人都還在掌權，我憑什麼認為自己會成為明日之星？希望在哪裡？」

希望的一部份，就是對行賄企業、收賄官員的責任追究——挑戰那些讓貪腐滋生的力量，然後樹立起榜樣。不過，本書在第三部份會更深入探討，企業賄賂的影響往往深不見底、久遠而陰險，會破壞經濟穩定性，甚至能煽動恐怖主義。所以找到辦法真正解決這個問題，對世界各國來說都是一場艱辛的戰役。

第三章

國際衝擊

Impact

歐債危機起源：萬能的「米扎」

孟加拉聖戰之火

行騙者的證詞

希臘
德國
美國
孟加拉
加彭

阿爾馬茲—安泰
富樂斯多
克勞斯—瑪菲．威格曼
德普伊
嬌生
史耐輝
史賽克
拜耳
孟加拉電報暨電話局
哈爾濱能源
裝甲控股公司
富豪汽車
史密斯威森

7

歐債危機起源：萬能的「米扎」

MIZA

對歐洲各國銀行、軍火商而言，所謂的「紓困」就是個巨大摸彩箱——他們荷包滿滿，卻一步一步，帶領整個歐元區走向大規模債務危機。

戴尼西阿魯帕吉街（Dionysiou Areopagitou Street）沿著雅典衛城（Acropolis）的南坡延伸，位於雅典一個古老而熱鬧的地區。附近許多街道雖然蜿蜒狹窄，遊客人滿為患，但戴尼西阿魯帕吉街卻是寬闊、長而筆直，令人舒心。街上禁止行車，給人一種「行人專用大道」的印象。它悄然無聲，由小鵝卵石與大理石板混合鋪成，兩側還有橄欖樹遮蔭。兩層與三層的豪宅相當華麗，從新藝術風格到新古典主義風格各有不同，點綴著街道的南側，更為這條街增添了美麗與魅力。豪宅中可以飽覽整個帕德嫩神廟（Parthenon）；當夜幕降臨、燈火通明時尤其壯觀，使戴尼西阿魯帕吉街成為雅典最獨特的地方。

戴尼西阿魯帕吉街三十三號是一座淺黃色建築，精緻的大理石陽台就坐落在新古典主義風格的外牆上。二〇一二年四月十一日上午，這座建築變成了（目前為止仍是）一個經濟崩潰的國家中最臭名昭彰的地點之一。那天早上，一隊警隊逮捕七十三歲的屋主索卡扎波洛斯（Akis Tsochatzopoulos）。照片記錄顯示，一名衣著優雅的男子被護送出門，下巴抬起，表情看似憤怒。索卡扎波洛斯認為，他的族譜應該使他免於法律制裁：他是泛希臘社會主義運動黨（PASOK，簡稱泛希社運）創始人以及前國防部長，是希臘最知名的政治家之一。

他或許貪汙，但他的所作所為，與他圈子裡的人幾十年來做的並無二致：偷竊。而且他的做法很像樣，巧妙地把欺騙藏在精心策畫的一層層複雜手段之後。三十三號地址長期對於企業賄賂、洗錢的事業極為重要，正是這種系統性的弊端使得希臘瀕臨崩潰。

警察帶走索卡扎波洛斯時，數千名希臘人聚集在街道附近，抗議他們的生活陷於水深火熱：薪資調降、砍退休金、失業率飆升、等待救濟品，以及催淚瓦斯——這些都是為了避開金融危機所採行的緊縮措施的徵狀，有一部份是索卡扎波洛斯這種人導致。對抗議者而言，不公不義的現象在一週前達到高峰，當時七十七歲的退休藥劑師克里斯托拉斯（Dimitris Christoulas）在希臘議會附近開槍自殺。他在遺書上寫道，他的退休金大幅削減，所以他寧死也不願「在路邊撿破爛」。

當天上午陪同警方的人是三十六歲的檢察官帕潘德里歐（Papi Papandreou）。雖然大多數希臘公眾沒有見過她，但她和她的老闆常常上新聞。她的老闆萊庫（Eleni Raikou）也很神祕，是雅典第一位當選首席檢察官的女性。當帕潘德里歐出現在索卡扎波洛斯的家門外，因為太過突然而讓索卡扎波洛斯勃然大怒。「難不成我要事先通知你嗎？」帕潘德里歐把他帶走時厲聲回道。

帕潘德里歐公開的唯一照片是在逮捕當天早上拍攝。畫面有些失焦，只有肩膀上的輪廓依稀可見。她留著一頭金色長髮，目光專注在她的目標。在構成希臘政治的幕後交易與賄賂——這個封閉的男性世界中，帕潘德里歐與萊庫勇於嘗試之前幾代檢察官都沒有做過的事：她們暗中從一座可疑的豪宅開始調查，地點位在戴尼西阿魯帕吉街三十三號。

◆

一位名叫塔那西斯（Thanassis）的年輕記者解釋說，希臘人對賄賂有兩種不同說法。一種是「fakelaki—**費可拉奇**」，字面意思是「小信封」，是當地人給公務員的小額賄賂，好讓一些簡單的事情順利完成，例如在社會服務辦公室插隊，或者取得房屋修繕的許可證。

希臘人對賄賂的另一個說法是「miza—**米扎**」，指的是一個讓汽車引擎啟動的裝置。米扎指的是外國企業給索卡扎波洛斯這類政府官員的回扣，能換取巨額的國家級合約。

米扎已經與希臘經濟情勢密不可分。從二〇一〇年歐債危機爆發以來，希臘人意識到領導人借得太多、存得太少，超支且撒謊，他們也因此意識到「米扎」在這種權力濫用中發揮的作用。

歐債危機爆發前，希臘二〇〇八年的失業率約為百分之七點七。到二〇一五年，失業率升至百分之二十五，有一百七十萬勞動人口失業。在此期間，自殺率增加一倍。許多人感覺生活無以為繼，而且走投無路。有一名計程車司機，她的退休金從一千五百歐元變成六百歐元。她的女兒會說五種語言，在杜拜的酒店工作，時薪是十五歐元。有一名五十多歲的時裝攝影師，幾年前才為《時尚》（*Vogue*）和《美麗佳人》（*Marie Claire*）拍攝廣告而環遊世界，她現在很走運——如果她把房子部份出租給遊客的話。她流著淚說：「我原本做了這麼久終於可以退休，可是我現在像個管家，幫客人掃浴室和疊毛巾。」

「傲慢」已經成為希臘經濟災難的標準解釋了。這部份的故事無人不曉。希臘二〇〇一年加入歐盟時，立即大舉借債取得無限資金。歐洲的銀行購買希臘債券的意願更高了，因為希臘經濟現在有歐元加持，而非德拉克馬（drachma）。在魯莽的領導下，希臘的債務開始超過稅收，當然也超過儲蓄。政府掩蓋開支，直到二〇〇九年，預算赤字已占國內生產毛額（GDP）的百分之十五點四，是歐盟裡最糟的。（相較之下，德國為百分之三，符合歐盟規定。）希臘的公債達到四千四百二十億美元，創下該國歷史新高。（反觀德國有一千五百億美元的順差。）

但金融方面的魯莽不過是財務危機的一個面向。正如美國與整個歐洲，希臘人從這些法庭上的醜聞發現到，美國的醫療設備供應商、德國與法國的軍火商以及其他許多公司都向希臘官員付了鉅額的「米扎」，而且謊報他們多年來扮演的角色。作為對「米扎」的回報，這些受賄官員簽署了一些國家負擔不起也不太需要的產品合約。希臘在有低息貸款的情況下，開始大規模的武器擴張計畫，並大量舉債支持一個龐大而腐敗的公共衛生系統。希臘在這兩個領域的支出，按國內生產毛額的比例來計算，都超過了歐洲其他國家。希臘為了購買數十億美元的德國軍武與美國醫療設備，向歐洲的銀行借款，而這些銀行都在沒有任何懷疑的狀況下出借資金，儘管知道希臘並無償還能力。（二〇一〇年五月，希臘最初的一千一百億歐元〔一千四百六十億美元〕金援主要用於償還對外國銀行的部份債務。整體而言，德國銀行有三百二十億歐元的希臘債權，法國銀行有五百二十億歐元的希臘債權，而其他歐洲的銀行也有五百億歐元的債權。）

那些交易讓企業、銀行與希臘官員變得非常富有，卻讓希臘的一般納稅人破產。參與其中的企業，包括世界上最負盛名的品牌，如嬌生、史耐輝（Smith & Nephew）、愛立信（Ericsson）、戴姆勒克萊斯勒、西門子和富樂斯多。儘管現代歷史上最嚴重的主權債務危機並不是企業賄賂引發的，但「米扎」與這場危機的起源有不可劃分的關係。

◆

萊庫和帕潘德里歐二〇一〇年進入雅典的上訴法院大樓工作，此時正值希臘衰落的開端。她們被安排在地下室的房間，那是個布滿灰塵的倉庫，連椅子都幾乎不夠用。萊庫在房間裡放滿幾十箱的調查文件，經常把其中一箱當成座椅。工作人員包括另外三位檢察官與兩位兼職顧問。每當有人想離開辦公室，就得挪開一張辦公桌才能通行。由於沒有窗子，一位檢察官回憶道：「感覺很奇怪，我們不知道現在是夜晚還是白天，也不知道外面是什麼天氣。」這就是雅典檢察官辦公室經濟犯罪調查小組的來歷，這是萊庫的創舉，也是同類型單位的第一個。

希臘公眾認識萊庫是因為她的工作。她的性格眾所周知，是個用功、嚴格而且堅持不懈的人。她本人身材高大，年齡五十四歲卻引人注目，她專心致志，但也熱情洋溢。萊庫堅決不接受媒體採訪。她來自雅典一個貧民窟的困苦家庭。她的同事認為，她的出身背景或許能解釋她為何勇於與菁英較量，因為菁英人士對她的意義不大。

身為妻子與母親的萊庫，已經在這個男性主導的職業中，突破層層障礙為自己贏得美名。她二〇一〇年被選為雅典的首席檢察官，成為史上第一位女性首席檢察官。萊庫的同事表示，性別根本不是她的問題。「可以這麼說，無論是她的同事還是警察，每個人都把她看成男人，」一位司法官員說：「他們經常當著她的面講髒話，根本把她當男的。」

就在那時，萊庫有了建立貪汙調查專業單位的想法。雅典的檢察官與任何地方的檢察官一樣，忙得不可開交，同時要處理毒品案件、調查恐怖主義和賄賂案。事實上等到他們有空處理大規模貪汙案件時，他們通常會發現國家已經流失大量資源。一位檢察官說：「我們這才意識到，公共合約之中藏有大量的浪費，國家付出的錢遠遠超出所需。」

巧合的是，經濟犯罪調查小組成立一個月後，希臘與歐盟執行委員會（European Commission）、歐洲中央銀行和國際貨幣基金組織（IMF）簽署了第一份緊急紓困的諒解備忘錄[1]。這一份諒解備忘錄首次公開希臘的債務規模，讓萊庫的團隊大開眼界。「我們當時看清了希臘貪腐的真實面貌。在那之前，大家都不了解希臘的財政狀況如此窘迫。」一位檢察官解釋道。

萊庫與帕潘德里歐一拍即合。帕潘德里歐剛從法學院畢業的年輕檢察官，跟萊庫一樣出身貧寒。她年輕時也在一個近乎浪漫的想法驅使下，決定成為檢察官：她有個同事對此解釋，她喜歡「用自己的工作實現正義」的想法。萊庫成了她的良師益友。

1　編注：諒解備忘錄（MOU）是雙方或多方簽訂的備忘錄，僅用以記載不同國家、政府或組織間簽署雙邊或多邊意向的文件。

二〇一〇年五月的一個早晨，帕潘德里歐讀了希臘主流媒體《日報》（*Kathimerini*）的一篇文章，特別介紹索卡扎波洛斯與他的豪宅。這篇文章描述這個坐落在「全歐洲」最昂貴街道之一的豪宅，為何有每平方公尺七千歐元的估價；另外還指出，索卡扎波洛斯透過境外銀行帳戶買下這處房產。

潘德里歐的團隊雖然當時對境外銀行業務所知不多，但這件事引起了她的注意。不過帕潘德里歐確實知道，索卡扎波洛斯在一九九六至二〇〇一年間擔任國防部長時，一直都受到未經證實的貪汙指控。二〇〇四年，索卡扎波洛斯與第二任妻子斯塔瑪蒂（Vassiliki Stamati）在巴黎舉行了一場奢華的婚禮。據媒體報導，他們坐全新的捷豹（Jaguar）到達婚禮現場，入住四季酒店（Four Seasons）兩千六百平方英尺的套房。社會大眾與媒體都不禁想知道，薪水微薄的前政府部長索卡扎波洛斯怎能負擔這種豪華排場？

這種懷疑最終導致了議會的調查。一個特殊委員會開始調查索卡扎波洛斯任職國防部長期間監督過的幾個軍火交易——其中有個說法：「評論家們對兩件是有看法。一件是美國雷達系統，他們認為這根本毫無用處，且不符合軍事需求，而另一件是俄羅斯地對空飛彈系統，太貴而且功能有限。」該委員會的調查結果尚無定論，索卡扎波洛斯避開了任何指責。不過，關於前國防部長的判斷力、生活方式，以及他所監督的軍火交易有著複雜結構——這些問題仍舊存在。「每個人都知道部長不對勁，他是貪官，」一位司法消息人士回憶：「但你就是找不到起火點。」

萊庫和帕潘德里歐決定要把起火點找出來。他們晚上和週末都在工作。他們知道的越多，就越發覺自己所知的越少，於是他們各自決定研究特定領域。帕潘德里歐選擇金融領域，而萊庫選擇國際銀行法。他們向同事、家人、朋友以及可能在金融、法律領域有專業知識的所有人尋求幫助。接著，他們開始收集世界各地的文件，並寄出司法互助（MLA）的請求函。

他們把從外國收集的證據，加上自己收集到的證據拼湊在一起時，發現位於戴尼西阿魯帕吉街三十三號的這座豪宅，原本是歸「托卡索」（Torcaso）這個法人所有。托卡索是一家在塞普勒斯註冊的空殼公司，除了讓所有者能合法地持有、轉讓資產之外，完全沒有其他用途。托卡索二〇〇一年將房產賣給另一家境外空殼公司「諾比利斯國際」（Nobilis International），後者一九九九年三月成立於懷俄明州的夏安（Cheyenne）。循線追蹤所有權記錄之後，帕潘德里歐發現一些有趣事：諾比利斯國際二〇一〇年將這座大廈賣給斯塔瑪蒂——也就是索卡扎波洛斯的妻子。

當萊庫的團隊追查托卡索、諾比利斯的註冊記錄時，發現這些公司實際上是索卡扎波洛斯持有，由他的親戚擔任董事。也就是說，這位前國防部長一直持有這座豪宅，且希望這件事保密；他不過是將所有權移轉給不同的境外公司，最後才把房產「賣給」妻子。這看起來是典型的洗錢行為。

調查員不斷挖出事實。帕潘德里歐和萊庫當時對瑞士當局提出正式要求，希望檢查諾比利斯和托卡索的銀行記錄。而那些文件中有更多的黑錢跡象：在整個一九九〇年代，有一千七百多萬美元存入了諾比利斯在瑞士的銀行帳戶，而這只是諾比利斯其中一個在歐洲的帳戶。

有趣的不只存款，還有存款的人：幾家世界上最大的國防和軍火製造商。銀行記錄顯示，錢從俄羅斯國有軍火商「阿爾馬茲—安泰」（Almaz-Antey）轉移到索卡扎波洛斯的境外公司，用於購買經過議會審查的地對空飛彈；另外，德國富樂斯多企業集團也在一九九〇年代贏得了一個四十億美元的希臘潛艇交易案，備受爭議。

諾比利斯收款的時間點也令人起疑：開始於一九九七年，並在一九九九至二〇〇二年達到最高——索卡扎波洛斯恰好是當時的國防部長。錢從大型武器製造公司流向由部長控管的境外帳戶，所有跡象都表明，高級別的企業賄賂正在發生。

當萊庫及其團隊收集到所有的證據，他們對自己掌握的東西驚訝不已。由於已經超過法律時效，他們無法追訴索卡扎波洛斯的賄賂案（他們確定，索卡扎波洛斯全部至少收賄了七千五百萬美元）。但他們確實有壓倒性的足夠證據，也有國際的書面證詞以及銀行的對帳單，能對索卡扎波洛斯做出洗錢指控。有一位檢察官形容大家簡直「樂不可支」。

「我們終於有證據。沒有人相信他這種人會被希臘司法制裁，大家都覺得什麼都不會發生。」另一位調查此案的檢察官說道。

二〇一三年十月，索卡扎波洛斯的洗錢罪成立，被判處二十年徒刑。另外十個人，包括他的親戚、妻子和一位律師，也都一起被定罪。

戴尼西阿魯帕吉街三十三號的豪宅曾是個門面，長期掩蓋索卡扎波洛斯的犯罪活動。但事實證明，這座豪宅也是通往另一個隱藏世界的門戶。萊庫與她的團隊進一步追蹤金流，從索卡扎波洛斯本人向外追查，很快就發現一個更大的陰謀：這些國防與武器製造的國際公司，對希臘軍隊的賄賂已有十年之久，浪費掉數十億美元，將希臘推往崩潰的邊緣。

◆

希臘在二〇〇〇年代進行大規模的軍事化擴張。一九九六年索卡扎波洛斯上任，希臘因為一個荒無人煙的伊米亞小島爭議，差點與土耳其開戰。希臘國防部不斷用這起事件來合理化隨後的武器採購。索卡扎波洛斯到歐洲各國首都簽署合約，並促成軍事同盟，同時一再強調土耳其「破壞穩定的影響」；用他的話說，土耳其是「國際麻煩製造者」。一九九六年，希臘在軍備上的支出達到七十億美元；這個數字在二〇〇〇年升至近九十億美元——對如此小國來說簡直不成比例。它的採購包括俄羅斯的導彈、美國的F-16戰鬥機、捷克斯洛伐克的大炮，以及德國的潛艇。

尤其是這些潛艇，一直都相當可疑。首先，它們是新型的、實驗性的核潛艇，也是同級潛艇的第一艘。沒人懷疑德國富樂斯多企業集團有製造這些潛艇的能力。但問題是，為什麼希臘海軍會需要這些潛艇？價格更是值得注意。當這個合約一九九八年首次談判時，富樂斯多同意以十八億歐元（四十億美元）左右的價格建造三艘新潛艇。但到了二〇〇〇年代初，合約擴大，包括將希臘海軍已有的三艘潛艇升級，新的費用將近三十億歐元。十多年後的今天，這個神秘的的交易再度浮出水面，成為希臘最具爭議的醜聞之一。

這揭露了一個事實——這個國家在人心貪婪的驅使下，導致離譜的軍備開支。正在調查希臘國防工業大規模賄賂醜聞的一位檢察官表示，軍隊裡的採購委員會基本上就是賄賂集團：「我的看法是，當部長要組建一個監督採購的委員會時，他會說：『委員會成員將有官員A和官員B。』」，部長會送禮給他們。我派你來委員會做事，我保證你會簽署每一份合約，因為你每個合約都會收到附帶的賄款。」

他說在這個潛艇交易中，富樂斯多的高層據稱對希臘前海軍總參謀長迪奧多拉基斯（Georgios Theodoroulakis）行賄九十五萬歐元。（迪奧多拉基斯在二〇〇一至二〇〇二年期間任職，並於二〇〇八年辭世。）他有好幾個部下都收了五萬歐元。雖然總金額很大，但光給索卡扎波洛斯的指定款項就有六千萬歐元。據傳，製造潛艇的「希臘造船廠」（Hellenic Shipyards）前董事總經理埃馬努伊（Sotiris Emmanouil）收賄兩千三百萬歐元。（二○一一年，富樂斯多承認在希臘行賄，並付了一億九千萬美元的罰款，以了結德國警方的刑事調查。慕尼黑的檢察官從二○一○年開始調查富樂斯多與公司合約，包括它在南非的賄賂傳聞。）

檢察官表示，最近的調查範圍已擴及另外三十二名嫌疑人，包含十名船廠管理人和五名工會人員。他還援引埃夫斯塔西奧（Panagiotis Efstathiou）的案件；埃夫斯塔西奧是一個八十三歲的希臘軍火商，目前因貪汙而受審。據稱，有幾家國際軍火商利用埃夫斯塔西奧行賄。（路透社〔Reuters〕報導，埃夫斯塔西奧表示有家德國公司「阿特拉斯」〔Atlas〕也是共犯；而另一家德國公司「萊茵金屬」〔Rheinmetall〕也承認賄賂。）埃夫斯塔西奧的付款分發到整個軍隊，用於防空飛彈和坦克等合約。「他賄賂了大概二十位軍官，整個軍隊體系都在貪汙。」檢察官說道。到目前為止，涉嫌行賄的公司遍及德國、法國、瑞典和俄羅斯。據報導，同樣受審判的前國防部採購副處長坎塔斯（Antonis Kantas）對地方法官說：「我收太多賄款了，根本算不出來。」調查員幫他做了列表：他一共收賄一千六百萬美元，涉及十項不同的軍火交易。

希臘檢察官和許多反貪腐官員尤其擔心，賄賂猖獗其實導致了費用大幅膨脹——而這些費用讓希臘的債務一發不可收拾。他解釋：「他們用兩倍價格出售昂貴的武器。」希臘的國防部官員對過高的金額在所不惜，因為他們知道之後會從整個合約中得到一定比例的好處。

以富樂斯多為例，檢察官說有證據表明，該公司早在一九九六年，甚至在潛艇合約簽訂之前，就開始計畫將價格抬高一倍。「這些潛艇的實際價格超過十億歐元。另外的八至十億歐元不是用來買潛艇，而是給這家德國公司，」在這膨脹的收益中有「一億兩千萬歐元用於賄賂」，約占潛艇標價的百分之七。

希臘的調查人員對希臘政府過去二十年來的每一筆主要軍購案進行審視，發現光是賄賂，估計就造成希臘納稅人數十億美元的損失。一位調查員說：「在十年內，有三百六十億歐元用於購買武器，而其中百分之四可能用於賄賂。」光賄賂就至少有十五億歐元。然而，這十五億歐元還不包括物價上漲帶給國家的總體損失。

雪上加霜的是潛艇其實故障了。「平衡出了問題。」已退役的准將兼軍事專家弗拉格斯（Constantinos P. Fraggos）解釋。最後，這些潛艇甚至沒有交貨。到現在差不多過了十年，潛艇仍然未完工，擱在雅典郊區的「斯卡拉曼加斯造船廠」（Skaramangas Shipyard）。

弗拉格斯當過國防部三年半的軍事顧問，他寫過一本書，內容詳細說明了至少二十個國防合約，說明這種案例不僅造成物價上漲，還相當浪費且無用。「他們買了六十架沒有雷達系統的F－16戰鬥機，」他回憶道：「他們買了一百五十輛坦克，當時是同等級戰車中的第一台。」他說的是希臘二○○九年購買的德國豹2型坦克。「但他們買了坦克卻沒有彈藥，到了十年之後才買。」（慕尼黑警方二○一四年突襲搜查坦克製造商「克勞斯─瑪菲．威格曼」〔KMW〕的辦公室。該公司目前因涉嫌在希臘行賄而受到調查。）

弗拉格斯是該國最直言不諱的軍事評論家之一，他認為索卡扎波洛斯的定罪只是解決問題的開端。「他們只能把兩、三個人繩之以法。他們沒有證明文件能把人送進監獄。他們必須找到黑錢。因為有非常多阻礙在銀行裡、在系統中。」他強調，這個國家在國防工業方面的損失比較容易計算，因為涉及很大的金額，而且賄款相當集中──國防部長本身就收了六千萬歐元。

「要談軍備很簡單──軍備、軍備、軍備。但在其他領域，貪汙的比例更高。像健康醫療這塊要怎麼看？」弗拉格斯問道。

◆

二〇一〇年四月十四日，四十四歲的蘇格蘭人杜格爾（John Dougall）站在倫敦薩瑟克刑事法庭的被告席，比恩法官（David Bean）的正對面。同事們都說杜格爾特別幽默，是個「聰明傢伙」，而他即將創造歷史。十多年來，他一直是「德普伊」（DePuy）的後起之秀；德普伊是全球首屈一指的整形設備製造商，尤其以人造膝蓋與臀部聞名。該公司在全球有兩萬三千名員工，總部設在英國利茲，但由美國醫療衛生巨頭嬌生公司所有。杜格爾在二〇〇七年之前擔任行銷副總裁，過著相當奢侈的生活，年收入二十萬美元，時常坐商務艙、開名車。但那天早上，一切結束得相當不光彩：比恩法官判處杜格爾一年有期徒刑——這個判決並不嚴厲，卻是史無前例。杜格爾是英國史上第一個「為商業利益賄賂外國官員」而入獄的企業高層，也是第一位在國際貪汙案中配合英國當局的證人。

對希臘而言，很快他的案件也將帶來啟發。德普伊公司每年的營業額約為一億美元，是希臘骨外科市場排名前五的公司之一。杜格爾作證，「米扎」推動了該公司的銷售。他承認自己在二〇〇二至二〇〇五年間，協助賄賂希臘公立醫院的外科醫生超過一千萬美元。而作為回報，外科醫生們幫助德普伊創造至少四千萬美元的銷售額。英美政府從二〇〇七年就開始調查德普伊案，在杜格爾的合作下，終於打開了大門——最後揭發「米扎」在希臘國營醫療部門中的作用。

二〇一一年，嬌生為了結束刑事調查，繳了七千萬美元罰款給美國司法部，也承認有在波蘭、羅馬尼亞與伊拉克行賄。至今，杜格爾仍是唯一因這種罪行入獄的人。但他提供警方的公司內部文件與電子郵件都清楚表明，在一九九九至二〇〇七年間（希臘醫療費用暴增），德普伊在希臘進行大規模的賄賂行動，而且往往經過了企業高層的同意。比恩法官在杜格爾的判決中說：「我相信貪汙實際上是經過企業上司認可的政策，在你參與之前就存在了。」

杜格爾告訴調查人員，德普伊的高層還為賄賂編定一些代碼，稱為「現金獎勵」和「專業教育報酬」（或縮寫為「ProfEd」）。他解釋說，為了把「專業教育報酬」遞給外科醫生，德普伊在希臘雇用一位經驗豐富的中間人卡拉加尼斯（Nikolaos Karagiannis）。

卡拉加尼斯給德普伊的一封電子郵件上寫道：「給外科醫生現金獎勵，在希臘是個常識。」杜格爾對上司做出警告，如果停止付款：「我們到今年年底可能會失去百分之九十五的生意。」

二〇一二年，希臘人用英國、美國調查收集的證據，尤其是杜格爾的證詞，也獨自展開調查。索卡扎波洛斯被捕之際，有一隊調查人員進入雅典一所公立醫院，希望有重大突破。這個小隊前來調查該醫院院長——一位有名的骨外科（orthopedic surgeon）醫生，但他的財務狀況令人生疑。「我們發現他的帳戶中有些動作不尋常，而他岳父的帳戶也是這樣；他的岳父其實是神職人員。」希臘金融情報單位前負責人尼古魯迪斯（Panagiotis Nikoloudis）回憶道。

在希臘的全民醫療體系中，有近百分之七十的醫院是國營，希臘的七萬名醫生幾乎全都是政府雇用的。（與中國一樣，根據美國和英國的法律，希臘的公共醫生也被視為外國官員。）從一九七〇年代以來，希臘醫院採購醫療用品與藥品的方法，不是經由透明的競爭性招標，而是根據院長與外科名醫的決定。這種幾乎不受質疑的決定權，讓賄賂得以盛行。

在雅典那所醫院裡，尼古魯迪斯的團隊分析了院長購買的幾十件品項，可追溯至二〇〇〇年代初。嬌生的訂單反復出現。當他們把訂單日期、價格對照院長的銀行帳戶時，發現一個驚人的模式：每當院長從嬌生下訂醫療用品，過了一週，他的銀行帳戶會多出一筆存款，金額總是嬌生訂單的百分之二十三。「我們看懂這些錢了。」尼古魯迪斯回憶道。

尼古魯迪斯二〇一五年一月被任命為總理齊普拉斯（Alexis Tsipras）的內閣成員，是國家反貪腐的首長。他擔任地方檢察官已有二十八年，專門處理貪汙問題，但即使是這種資歷，親眼看見醫院賄賂還是讓他大開眼界：醫療衛生領域的貪汙問題比其他領域都還嚴重。「賄賂表示價格上漲百分之二十三，有時候是百分之二十或二十一。軍購案則只有百分之四。而在其他領域，不超過百分之二或二點五。」

嬌生在二〇一一年交罰款給美國司法部時，他們和美國當局都沒有考慮到貪汙可能帶來的影響。但對於尼古魯迪斯來說，貪汙的後果顯而易見。「二〇〇〇到二〇一〇年的十年間，有總計數十億歐元的巨款——有人說是一百五十億歐元——浪費在公立醫院的醫療用品訂單上。」德普伊案象徵著讓希臘金融加速崩潰的輕率態度。

根據美國、英國和希臘執法機關的公開文件，德普伊的賄賂模式如下：先將數百萬美元存入卡拉加尼斯在曼島（Isle of Man）的境外帳戶後，卡拉加尼斯再收買外科醫生，讓他們動膝部、臀部的替換手術時，使用昂貴的手術相關用品，如外科螺釘。外科醫生每次使用昂貴的螺釘都會收到賄款，至少是產品價格的百分之二十，有時甚至更高。「先跟您說一聲，每次手術完成後，我會立即支付現金獎勵。」卡拉加尼斯給客戶的電子郵件中提到。

卡拉加尼斯與他的員工經常在電子郵件中明確提及賄賂。德普伊的某些管理階層希望終止與卡拉加尼斯的關係，深怕會被他的賄賂（所謂的「專業教育報酬」）連累，而面臨法律風險。但當時德普伊總裁多默（Michael J. Dormer）否決了這些意見；他也是嬌生的高層。「你們這個提案唯一的問題，就是我們到第三年，就會失去大半生意，」他在電子郵件中寫道：「在終端使用者的銷售上，因為競爭損失了約四百萬美元，這件事完全不能接受。」最後，多默安排德普伊收購卡拉加尼斯的公司「梅德克」（Medec），以確保「專業教育報酬」持續供應。

「專業教育報酬」有不同形式。「賄賂不是只有現金。可以算在其他費用，可以是豪華旅行、是設備等，」另一位調查人員說：「我們聽過一些例子，比如在古巴，醫生帶著女伴到豪華酒店裡享受。有太多太多例子了。」調查人員說，無論是現金還是實物，很多希臘最棒的骨外科醫生都拿了數十萬美元黑錢。

為了收回賄賂、稅金以及卡拉加尼斯的降價成本，德普伊將產品價格提高百分之三十五。這表示，外科醫生每次做膝蓋手術時，國家就會多付這些錢。到二〇〇〇年代中期，希臘的膝關節替換手術價格已升至八千多美元，是歐洲其他國家的兩倍。「希臘價格如此之高的原因，毋庸置疑，就是市場已經腐敗。」英國皇家檢察官凱爾西—弗萊（John Kelsey-Fry）在杜格爾開庭時主張。德普伊的黑錢名單上有數十位、或數百位醫生。根據希臘檢察官的說法，德普伊的賄款連帶損害了希臘多數公立醫院的利益——全部一百四十三家醫院當中，有一百一十四家收賄。

至少到目前為止，依據美國、英國與希臘的調查計算，希臘國家的損失超過一千六百萬美元（這是德普伊一九九八至二〇〇六年間的賄賂金額）。雅典的檢察官辦公室主任格奧爾戈拉（Spyros Georgouleas）表示，儘管與希臘所欠的數十億債務相比，一千六百萬美元當然微不足道，但這並不代表問題的全貌。「我們只看到冰山一角，」

他說道：「想想看，我們在此談論的只是一家公司，而且只涉及骨外科。」

負責調查德普伊案的格奧爾戈拉說，從二〇一二年開始，另外兩家美國骨科器材製造業龍頭史耐輝和史賽克（Stryker）都在希臘接受調查；這兩家公司也付了巨額罰款給美國政府，以解決他們在希臘計畫性行賄的指控。美國調查的公開文件顯示，一九九八至二〇〇八年間，史耐輝給外科醫生九百多萬美元賄款，並將成本提高百分之四十，同時利用卡拉加尼斯當中間人，好讓自己贏過德普伊。卡拉加尼斯二〇〇二年寄給史耐輝副總裁的電子郵件上寫道：為了跟上對手的腳步，需要更多賄款，因為對手比史耐輝多付了百分之三十至四十的賄款。「在希臘的普遍做法，是預留百分之二十給外科醫生，」杜格爾向英國警方作證：「所有想進入這個市場的公司，都必須撥出這百分之二十。」（杜格爾拒絕評論德普伊案。）

「想想其他科的醫生，」格奧爾戈拉繼續說：「我們談的不是眼科，也不是癌症。我們也不是在調查毒品或藥物之類的東西。」對他來說，希臘檢察官最近開始調查德國製藥巨頭拜耳（Bayer），指控拜耳賄賂了希臘的八百位醫生，跟瑞士的諾華一樣。「所以，如果你把這些錢加起來，就會明白，我們在談論的其實是好幾十億的錢。」格奧爾戈拉說道。

如今，針對希臘飛漲的醫療費用審查，證實了希臘調查員對回扣有危害作用的說法。前希臘總理巴本德里歐（George Papandreou）表示，希臘的心臟支架費用是德國的五倍。前衛生部長告訴媒體，希臘醫生被誘使過度開出高價藥物，導致該國的處方藥價格是其他歐洲國家的三倍至四倍。有些醫生甚至憑空開處方，只為了收回扣。隨著越來越多醫生收賄，藥品支出從二〇〇〇年的十四億美元升至二〇〇九年的七十六億美元。在二〇〇〇到二〇〇九年間，希臘由於超支，整體醫療預算赤字達到五百億歐元。賄賂導致價格膨脹正是原因之一。路透社報導，希臘國營醫院二〇一〇年積欠製藥公司、醫療供應商將近七十億美元。

「我不能說貪汙是這場危機的**唯**一原因，」尼古魯迪斯說：「但貪汙確實是希臘陷入危機的主要原因之一。」縱使希臘的醫生是自願收賄，但尼古魯迪斯斥責外國企業完全漠視賄賂造成的巨大影響。「我常聽到一種辯詞，那些公司會說『我們在希臘沒辦法用別的方式做事』。」尼古魯迪斯說道：「但我告訴你，那些公司明明就能用其他方式做事。這對身為人民的我們來說，是種侮辱。把所有希臘人說成是敗類，然後讓自己看起來像是天使，為了賺些錢而被迫這樣做事，這樣講太簡單了。」

◆

當國際貨幣基金組織、歐盟執行委員會同意向希臘提供兩千七百三十億美元的救助金時，他們的兩個主要條件，就是希臘全面改革反貪腐政策，並削減醫療費用三十億美元——當時為一百七十億美元，約為希臘國內生產毛額的百分之五，位居歐盟成員國之首。二〇一〇年實施金援以來，希臘政府不斷致力於提高採購的透明度，要求醫院裝設電腦來追蹤採購與支出，並將一度支離破碎的藥品採購系統集中整理。歐盟執行委員會的一項研究顯示，希臘政府也從二〇〇九年開始減少了百分之二十五的醫院支出。一部份是降低藥品價格，但主要還是透過削減工資與醫護人員的數量。在希臘政府大力解決醫療衛生的浪費與貪汙問題時，醫療衛生本身已經成為最大的受害者。

「自二〇〇九年以來，我們的收入被硬生生砍掉百分之四十，」一家雅典知名醫院的醫生工會副主席說：「主要的醫療衛生系統已經被摧毀。」他補充說，這也除去了數千個工作機會。「大家找不到基層醫療的醫生，表示大多數人只好去醫院。在削減成本的同時，醫院的需求卻增加了一倍，」他說道：「我有一台用了十五年的超音波機，我本來該換新的，但現在就將就著用。」

「大家面對的是全新又陌生的局面，」大都會社會診所（Metropolitan Social Clinic）一位志工說道。這家診所位於埃利尼科（Elliniko），距離雅典市中心有四十分鐘的地鐵路程。她說：「我從沒想過自己會失業。」她在危機來襲時遭到解雇，並為此忿忿不平好幾個月，然後加入雅典的街頭抗爭活動。因為她不再有健保，所以無法負擔醫療費用。「公共系統第一次將沒有保險的人拒之門外。我不能去驗血了。」

根據現行法規，希臘的國民保健署只提供兩年的失業保險——雖然許多希臘公民失業的時間其實更長。有項研究援引勞動部的數字，顯示希臘有兩百萬人沒有保險。「那些人沒有錢，」一位醫生解釋：「如果你沒有錢，就不會去看醫生——因為沒有錢的人還有自尊。不過，這表示當他們真的去看醫生時，都已經太遲了；到時候病情會更棘手，費用也更貴。」

希臘現在不僅要應付財政危機以及敘利亞戰爭難民潮引發的新問題，還要應付日益嚴重的公共衛生危機。由於蚊子防治預算遭到削減，瘧疾四十年來首次重現於希臘。《刺胳針》（*The Lancet*）醫學期刊於二〇一四年發表了一項研究，反映出街頭工作計畫縮減之後，分發給吸毒者的乾淨注射筒、保險套變少，結果愛滋病的感染人數從二〇〇九年的十五例增加到二〇一二年的四百八十四例。「二〇一三年的初步數據顯示，與二〇一二年相比，這些人的結核病發生率增加了一倍以上。」同一項研究也顯示出其他令人不安的跡象，包括二〇〇八至二〇一一年間死胎了增加百分之二十一，原因是缺乏產前檢查。同時，由於經濟狀況惡化，嬰兒死亡率在二〇〇八至二〇一〇年間上升了百分之四十三。

「這個系統已經崩潰，」一位醫生說：「你必須重建系統，但務必小心。我們必須讓醫生有新的動力，也必須清理市場上的弊端——我們得制定明確的規範。」

◆

希臘政府二〇一三年設立新的國家級反貪腐檢察官職位，而萊庫被任命為第一任負責人，並在雅典的最高法院大樓內有了新的辦公室。帕潘德里歐加入了她的團隊。

她們的資源並不比以前多，整個團隊仍然只有五位檢察官，萊庫還經常自掏腰包買物資——但在許多人眼中，她們是希臘復甦司法體系的有力象徵。

正如古老的傳說，雅典娜女神是雅典的守護者，是文明的捍衛者，也是為正義而戰的女戰士。希臘公眾和媒體經常把她們兩人與雅典娜相提並論；一個希臘線上報刊發表了一則漫畫，圖中帕潘德里歐身穿古希臘長袍、手持利劍和正義天秤。但實際上，正義卻越來越難捉摸。

索卡扎波洛斯被捕後，萊庫和她的同事就一直忙於賄賂調查，牽涉到全球幾家最大的企業——包括西門子、拜耳，以及最近在調查的芬蘭電信公司愛立信。他們已經沒收、並歸還了四千五百萬美元。「我們在幾起案件中，已查清四億歐元，並將向法院起訴，」萊庫的一位同事說：「我們不能說我們已經把貪腐消除，但藉由希臘檢察官的努力，確實讓貪汙有了阻力。這種阻力非常重要。就算他們不給我們資源，我們也會堅持不懈。」

在新的政治支持和體制支援下，萊庫毫無疑問，會在希臘將發生的變革中發揮關鍵作用。但她的團隊也承認，他們尚未順利起訴索卡扎波洛斯這種級別的官員，即使有證據顯示還有許多這種人。

二〇一二年，尼古魯迪斯和他的團隊相信自己取得了重大突破。卡拉加尼斯的麥迪遜公司（Madison）曾全力隱瞞流入公司的賄款，這些錢是從賴比瑞亞首都蒙羅維亞、塞普勒斯和馬爾他的複雜境外帳戶網絡中分批轉移而來。但卡拉加尼斯犯了一個嚴重錯誤：麥迪遜公司把所有賄款，從這些不同位置轉移到雅典市中心憲法廣場（Syntagma Square）的特定銀行分行的單一帳戶。警方找到這個帳戶後，便將其關閉。

「我們以為破案了，」尼古魯迪斯說道，調查人員也以為任務很簡單。「我們認為只要去銀行，查出那些資金最後轉移哪些特定帳戶，就能讓犯案的人原形畢露。」這邊指的是收賄的醫生。

但當調查人員抵達銀行時，卻得到令人不安的消息。「嗯，銀行表示『錢沒有轉走。有幾個人帶手提箱來，把錢拿走了』。」尼古魯迪斯說。雖然賄款是透過錯綜複雜的方式進入希臘，可是一旦到了希臘，這些錢就會以現金的形式交給醫生，所以無法追蹤。

調查過程中，檢察官搜查卡拉加尼斯的公司董事總經理菲利浦（Despina Filippou）的住所。他們在她的車庫裡發現一份名單，上列有兩百五十位醫生，據信是德普伊的賄賂對象。但檢察官根本沒有足夠的資源調查所有人，只能將調查範圍縮小到十二位外科醫生，然後發現，每一位醫生的銀行帳戶都有超過二十萬歐元的可疑款項。其中一位醫生索卡科斯（Panagiotis Soukakos）是希臘最有名的外科醫生之一，也是重量級的骨科教授，有良好的政界人脈，同時也是希臘國王的密友。然而，因為賄款據稱是親手交給外科醫生，所以檢察官沒有能證明卡拉加尼斯行賄的直接證據。包括索卡科斯在內的十二名嫌犯，都在二〇一二年被無罪釋放。

「調查這些製藥與醫療供應商之後，我才意識到所有參與這些交易的人其實都是洗錢專家。」尼古魯迪斯說。萊庫的一位團隊成員表示，這些罪犯「走在司法前頭，有幾步之遙。他們憑著網際網路迅速轉移資金。司法需要好幾年才能跟上。」

在希臘開始調查德普伊案的六年之後，該案尚未結案，無論是公司職員或涉案醫生皆沒有被定罪。檢察官依希望情況有所轉變。二〇一三年，他們對二十五名嫌犯提出其他指控，嫌犯包括幾位德普伊的前高層，例如多默。英國與美國的調查文件指出，英國公民多默「明知卻繼續實行」德普伊賄賂案，但他在這兩個國家從未遭到起訴；

他接受「我的職位衍生出的最終責任」之後，二〇〇七年從嬌生離職（當時賄賂指控首次出現在美國）。多默是外國公民也是外國企業高層——希臘是否能夠將這類人成功起訴還有待觀察。德普伊案的結果將證明，希臘起訴高級金融犯罪的能力。

今日的希臘，有別於以往受富樂斯多、德普伊醜聞困擾的形象。無論是國防合約、醫療衛生的採購規則都有巨大轉變，增加透明度並限制了行賄的機會。更重要的是，隨著希臘經濟持續萎縮（過去八年中，有七年是這般情景），該國在武器與醫療衛生方面的支出大大減少，因此根本就沒有賄賂的市場了。

唯一不變的是，賄賂釀成這個現代歷史上最大的金融危機之一，卻沒有人需要被追究責任，包括用賄賂助長這場災難的企業高層。調查員仍持續在廢墟中挖掘，發現大多數該負責的人仍是未知，更別說要起訴了。希臘政府向權貴追究責任的能力，目前尚無定論。這場鬥爭的結果並不是端看意志力——並不取決於萊庫或組織性金融罪犯的決心。這是一場資源競賽，有無數跨國企業數十年來耗費巨資與精力，把黑錢注入希臘，而這個破產的國家只能採取微不足道的手段，試圖揭露證據並訴諸司法。

這種努力已遭受打擊。二〇一七年三月，萊庫由於爭議而辭職。她在許多案件中，不斷調查一項據稱由諾華策畫、相當龐大的回扣計畫。萊庫顯然提出了重要證據，包括該公司從銀行帳戶支付三千萬美元給希臘全國四千位醫生、兩位前總理等政治高層。《文檔報》（*Documento*）後來刊出一篇有關她的文章，引用匿名消息，稱萊庫在另一項涉及直升機、護衛艦的國家採購案調查中不當隱瞞證據。萊庫在三月下旬遞給希臘最高法院的辭職信中，說這篇文章只是「貪汙政府官員與製藥產業的主要利益集團」的新嘗試，目的是「算計我的道德毀滅，好讓我們的調查節節敗退」。根據諾華二〇一七年一月給美國證交會的文件，美國司法部和證交會已經開始調查希臘的賄賂案。諾華十之八九會再度達成企業和解，只需要付另外一筆罰款。

8

孟加拉聖戰之火

FUELING THE FIRE

幾個中間人、一項國家通訊計畫加上一位電信部長，點燃了一起謀殺案，最終引爆孟加拉長達十多年的暴力輪迴。

穆赫辛（Mohsin Ali）兒子的謀殺案，至今仍留在他的記憶中，這種痛苦無法逃避，而且觸手可及。穆赫辛住在拉傑沙希市（Rajshahi）的諾多爾村（Natore）。拉傑沙希市是距離孟加拉首都達卡（Dhaka）西北六小時路程的大地區，已經成為危險的保守派大本營，孕育出偏執的宗教觀。伊斯蘭極端份子最近殺害一位拉傑沙希大學的社會學教授，他因為鼓勵學生質疑傳統伊斯蘭價值觀而聞名。襲擊者用彎刀將他砍死。孟加拉情報機構在全國各地陸續發現這類伊斯蘭激進組織，包括在拉傑沙希市。其中許多組織與蓋達組織（Al Qaeda）等國際恐怖組織有聯繫，它們聲稱自己的新兵在阿富汗和巴基斯坦受過訓練。警方甚至開始逮捕與伊斯蘭國有關的組織，孟加拉極端主義問題日益嚴重的新發展令人擔憂。穆赫辛的小農場在諾多爾村裡，這裡有閃耀的芥末田、狹窄的土路交織而成的田園風情，同時卻也是這場武裝暴力行動的發生地——這場由全球其中一個最大企業引發的大火。

二〇〇四年四月一日早上，穆赫辛與他的妻子塔赫拉（Tahura）一如往常早起做家務。他們的農場占地約一英畝，有一棟兩層高的屋子，裡面堆滿泥土；還有一座有頂棚的大建築，裡面養了雞與牛。那天早上，塔赫拉準備早餐時，穆赫辛正在照顧動物，兩個人都在等兒子蒙瓦爾（Monwar）一起用餐。當時蒙瓦爾二十歲，是個英俊的年輕人，就讀於當地的「塔希爾普爾學院」（Tahirpur College）。在那時的照片上，他跟父親一樣身形高瘦，穿著窄管牛仔褲和時髦襯衫。他坐在噴泉旁，戴著大大的墨鏡，手上拿了一朵蓮花——這是他大學的象徵物。他的表情嚴肅莊重——是一個努力蛻變為男人的男孩。

蒙瓦爾一邊讀書，一邊幫忙打理農場，也負責管理人民聯盟（Awami League）——孟加拉兩大主要政黨之一——的學生地方分會，過著忙碌的生活。他的家人都以他為榮，不僅是因為他吃苦耐勞，也因為他很有原則。「他只要看到不公不義的事情，就會習慣去發聲，」他的父親回憶道：「如果有人遇到麻煩，他常常會衝過去幫助那個人。如果他知道你找別人碴，他也會過來，然後告訴你『別那樣做，別找他麻煩』。」

蒙瓦爾的父母從他身上看到美好的未來。生活大不易，但穆赫辛記得兒子如何安慰他。「他以前都會告訴我：『爸爸，我們現在很困苦，為了生活而掙扎，但只要再撐過幾年，我就會畢業，然後就可以工作了，我們就能苦盡甘來。再等一陣子，我們的好日子就要來了。』」

蒙瓦爾是人民聯盟的熱情擁護者；該聯盟的起源可追溯至一九七一年，當時巴基斯坦東部地區爆發分裂，準備成為孟加拉國。人民聯盟主張絕裂，因為其成員認為孟加拉應該成為獨立的世俗化民主國家，由印度教教徒和穆斯林組成，所有人都受到共同的孟加拉文化、歷史與語言包容。但並不是每個人都認同這個理念。許多人認為孟加拉應該繼續是巴基斯坦的一部份，而巴基斯坦應當只有穆斯林。最終雙方爆發內戰，數千人喪生，孟加拉國就此誕生。不過，爭執尚未結束，支持宗教觀點的那些人組成了新政黨「孟加拉民族主義黨」(BNP)。腥風血雨掃過幾十年之後，對立的派別仍然繼續鬥爭，而這個衝突在當時蔓延到穆赫辛的家門口。當天早上十點鐘，突然出現一群揮舞著武器的人，叫蒙瓦爾到外面來。

接下來發生的，不單是一個偏遠地區的暴力事件。這也是悲慘的例子，說明西方企業為了追求商業利益而有的賄賂行為，最終如何影響到孟加拉等國的普通老百姓。透過一串秘密相連的人與事件，蒙瓦爾的故事讓我們看到這些罪行背後鮮為人知的受害者，這一切都與世界上工業巨頭西門子的行為有關——西門子給了哈克（Aminul Haque）這個人數百萬美元。哈克是民族主義黨（當時統治孟加拉）最有權勢的官員之一。在哈克收下西門子回扣的同時，他和他的盟友也祕密組建了一支私人軍隊，決心消滅像蒙瓦爾這樣反對民族主義黨的世俗之人。西門子的賄款將把孟加拉推向崩潰邊緣，而孟加拉再也沒有辦法修補這條裂痕。

自蒙瓦爾被帶到稻田裡槍殺、斬首以來，十三年過去了。他是「孟加拉聖戰者組織」(JMB)的第一位受害者，該極端主義組織或稱「孟加拉聖戰士大會」(Holy Warriors of Bangladesh)，為孟加拉的伊斯蘭武裝份子打開閘門。即使到現在，聖戰者組織仍舊威脅整個孟加拉，同時也繼續威脅穆赫辛。

蒙瓦爾謀殺案與西門子之間的關係，是對孟加拉政權和貪腐更宏觀的陳述，也是最臭名昭著、影響最大的賄賂案件之一。此案揭示，直到西方世界裁決這一問題很久之後，孟加拉的受害者甚至仍從未被承認，更不用說受到公正的對待。

◆

二〇〇八年十二月十五日，美國司法部宣布了一項賄賂調查的決議，是《海外反腐敗法》史上規模最大的調查，時間長達數年，涉及美國、德國多個執法分支機關。

司法部透露，西門子公司承認在「以油換糧」計畫期間對數十個國家行賄八億多美元，包括奈及利亞、阿根廷、中國和海珊政府。當時的代理司法部長弗里德里希（Matthew H. Friedrich）列舉了西門子在全球行賄而帶來的數十億美元的項目。舉例來說，西門子在委內瑞拉用回扣贏得三億四千萬美元的鐵路系統合約；而在孟加拉，西門子的子公司用賄賂獲得四千萬美元的全國電信專案合約。

二〇〇一年，國營公司「孟加拉電話暨電報局」（BTTB）宣布計畫建立一個名為「遠端通訊」（TeleTalk）的全國行動電話網路，該網路將同時與許多新興的私有行動網路競爭。這項計畫預算為七千五百萬美元，將外包給外國企業。

西門子電信集團在他們義大利的總部裡面，開始策畫如何贏得這份合約。當年的電子郵件中，一名西門子員工列出難對付的對手——摩托羅拉（Motorola）、愛立信、北電（Nortel），加上幾家中國中司如中興通訊（ZTE）和華為（Huawei）。但這名員工接著說，西門子之所以能勝出，並不是因為有更好的提案，而是因為賄賂。這些賄款將會「讓競爭對手的報價失效」……那些競爭對手與孟加拉政府關係密切，「搞不好會提出更有利的財務方案」。

從那一年開始，西門子花費為了贏得遠端通訊計畫，耗費大量時間設計複雜的全球賄賂體系。西門子在瑞士成立了一家專門的子公司「英特康」（Intercom），目的是創造賄款；還成立一堆空殼公司，分別塞普勒斯和奧地利都有銀行帳戶，方便秘密轉移賄款。另外聘請兩位孟加拉的中間人來交付賄款。電子郵件指出，過去十五年來，這兩位中間人已經在西門子的「多個專案中大獲成功」。

當時的西門子孟加拉分公司執行長阿爾布里希（Peter Albrich）將賄款稱作「火上加油」。贏得遠端通訊計畫是一個漫長而艱辛的過程，因為除了競爭對手之外，還有孟加拉政府的官僚主義阻礙。西門子一旦在談判失利，阿爾布里希就會向英特康要求更多賄賂基金。他在電子郵件中寫道：「我們需要一些燃料來維持火勢。」然後英特康把更多錢匯到其空殼公司，接著再轉移到中間人藏在新加坡的銀行帳戶。

美國司法部透露，西門子在二〇〇一至二〇〇六年間至少向孟加拉政府官員行賄五百三十萬美元。但司法部並沒有透露全部官員的身份，只有說一位是孟加拉總理的兒子，另一位是孟加拉電信部長。

最後西門子同意罰款，給了美國政府十億美元，也給了德國政府約五億美元——

這是史上最多的和解費。為了避免刑事控訴，公司另外同意進行重大改革。西門子解散管理委員會、制定全公司的反貪腐法遵體系，包括讓員工參與密集的反貪汙培訓，還另外聘請一位法院授權的獨立企業督察來評估公司實施這些改革的進度。

如今，西門子由於自發性地轉變為更透明、更自律的公司而受到讚揚。這可能不假，但無論是西門子破記錄的罰款、美國司法部的評論、媒體對整個案子的報導——甚至是西門子對內部改革的承諾，都無法解決企業賄賂對孟加拉的損害，甚至連承認賄賂「可能會影響孟加拉的個人或社區」都沒有。至於收賄的究竟是誰，以及他們又用這筆錢做什麼，至今仍無詳細說明。反之，這依然是一間公司的故事。該公司承認犯行，坦承自己沒有保存準確帳簿記錄——換句話說，它因為對所謂的自由市場撒謊而犯了罪，但那也不過是一種白領犯罪。

不過，在西門子結束此案的前幾個月，聯邦調查局的特務與美國司法部的一位傳奇檢察官，開始不眠不休地進行幕後工作，追蹤西門子賄賂的結果；他們在這種罕見的合作案例中，幫助孟加拉將收賄的人繩之以法。

二〇〇八年一月，拉普薇特（Debra LaPrevotte）第一次造訪孟加拉[1]。她跟大多數新訪客一樣，都感到震驚。達卡有一千八百萬的人口，毫不留情侵襲你的各項感官：交通壅塞，高樓的水漬外牆主宰了天際線，而且到處都是軀體。但她最印象深刻的，是貧窮的殘酷與普遍性。達卡街頭乞丐氾濫，有的傷痕累累，有的四肢殘缺，有的長滿了膿瘡。無助而貧窮的人往往會攔住等紅燈的車輛，懇求車內的人施捨。拉普薇特想起統治孟加拉的權勢之徒，這些貪腐的政客把錢都拿走了。「你該怎麼看待你的人民，讓這一切合理？」她回想起當時的想法。她第一次造訪的經驗仍歷歷在目。

出於偶然，拉普薇特成為了聯邦調查局的反洗錢專家。身為一位年輕的調查局新血，她每天在監控車上待八個小時，等待嫌疑犯出現。她精力充沛、幹勁十足卻躁動

1　本書所引用拉普薇特之調查，基於以下：二〇一五年四月十六日採訪聯邦調查局的人員；採訪孟加拉現任與前任官員；美國執法法院文件；維基解密洩露的美國外交電報；孟加拉的媒體報導。

不安。她為了打發時間，開始用錄音帶學習外語，兩年內學了九種語言。

一九九九年，調查局的華盛頓外地辦事處「資產沒收暨洗錢小組」（MLARS）開設了一個新職位，專門扣押不法所得，包括用販毒贓款購買的車輛，或是靠銀行詐欺取得的豪宅。拉普薇特很高興有機會做一些不同的事，最後她發現自己深受「追查那些瀆職、破壞國家穩定的國家元首」吸引——與她關係密切的一位同事如此描述。

達卡的造訪經驗讓她相信，有必要讓轉移聯邦調查局人員的注意力，讓他們看見孟加拉的貪腐。對拉普薇特與她的朋友塞繆爾（Linda Samuel）而言，這也是一場個人的征戰。塞繆爾是司法部資產沒收計畫（AFP）的檢察官。「因為這兩個人的加入，司法部開始追查此事。黛博拉和琳達都很出色。」孟加拉前司法部長艾哈邁德（Salahuddin Ahmad）說道。

孟加拉反貪腐委員會（ACC）位在人口稠密的市中心。自二〇〇四年成立以來，政府授權反貪腐委員會獨立調查該國的企業犯罪、洗錢和政治貪汙。該委員會也是聯邦調查局與美國司法部在追蹤國際洗錢案件與《海外反腐敗法》罪行的主要聯絡窗口。拉普薇特為了知道西門子黑錢的下落，前往孟加拉反貪腐委員會，並請對方協助收回這些錢。

就算情勢樂觀，孟加拉仍是個笨重的政治實體。人口約為美國的一半，全擠在跟賓州一樣大的地方，絕大部份都是窮人。整個國家在右翼的民族主義黨和世俗主義的人民聯盟之間存在嚴重分歧。孟加拉民族主義黨的領導者是一位名叫齊亞（Khaleda Zia）的女子，她曾兩度擔任總理，任期在二〇〇一至二〇〇六年。她的丈夫是該黨的創始人，一九八一年遇刺身亡；齊亞將此事歸咎於人民聯盟。人民聯盟則由現任總理哈西娜（Sheikh Hasina）領導。她的父親是公認的孟加拉國父，一九七五年遇刺身亡；哈西娜將此事歸咎於民族主義黨。或許孟加拉溫和的文化是唯一能阻止全面內戰的方法，但這種文化也日漸受伊斯蘭極端主義的侵擾。

拉普薇特抵達孟加拉時，正好是該國歷史上最災難性的兩年。一年前，也就是二〇〇七年一月，軍方認為國家處於混亂邊緣，因此奪取了對平民的統治權。聖戰者組織將蒙瓦爾殺害之後，發動了一場暴力行動，開始實施伊斯蘭教法，並殺害數十人。與此同時，國際透明組織表示孟加拉已成為世界上最腐敗的國家。而在全國大選前夕，人民聯盟與民族主義黨激戰數日，造成眾多傷亡。當時國際危機組織的報告警告：「孟加拉的民主與穩定面臨雙重威脅：其政治體制進入選舉僵局的風險，以及激進伊斯蘭主義日益嚴重、接二連三的暴力事件。這些問題互有關聯；伊斯蘭激進勢力在政治混亂、大眾不滿和暴力橫行的時代蓬勃發展。」

二〇〇七年一月十一日，軍隊終於走出了軍營（孟加拉仍稱這個日期為「一一一」），自封為看似良善的「無黨派看守軍政府」，發起一場反貪腐的全面鎮壓，逮捕成千上萬的人民與伊斯蘭激進份子。達卡的監獄很快就擠滿該國最富有、最有特權和最有權勢的公民，包括哈西娜和齊亞。

還有兩個人被關在牢房，他們公認是孟加拉解體的始作俑者：前總理齊亞的兩個兒子，塔里克・拉赫曼（Tarique Rahman）和阿拉法特・拉赫曼（Arafat Koko Rahman）。雖然拉赫曼氏兄弟並非正式的政府成員，但他們在達卡的一棟辦公大樓裡經營著「影子政府」，這是每個孟加拉人都知道且害怕的地方。他們是民族主義黨的祕密首領，是哈克的親密盟友；且因為家族關係而更加強大。這對兄弟從他們的辦公室發出威脅，勒索權利金，並定期從外國公司收賄，以換取數百萬美元的公共合約。他們用這筆錢的方式更令人驚訝。多年來，政界知情人士和退役軍官一直警告美國大使館，塔里克和哈克正在資助孟加拉聖戰者組織在內的極端主義團體。

「塔里克已經吞沒整個孟加拉政治文化。此時，政府不可能正常運作。軍方就是在這個時機介入。」孟加拉的法律部長胡克（Anisul Huq）解釋。

二〇〇七年三月初，警方在一系列大規模搜查行動中將這對兄弟逮捕。有傳言說他們遭到毒打，而鎮壓行動的將軍們特別喜歡虐待塔里克。「塔里克以為軍官們都是他母親的僕人，」看守軍政府的一名成員說：「將軍們對塔里克火冒三丈。」不管謠言是否屬實，塔里克都利用這些謠言創造了優勢。他雖然受到監禁，卻還是想辦法坐在輪椅上接受電視採訪，堅稱需要到國外就醫。

「一一一」暫時承諾有可能清除拉赫曼氏的貪腐孟加拉，也以中立政府的形式提供特殊機會給拉普薇特與美國調查人員，既不與民族主義黨結盟，也不與人民聯盟結盟，願意就貪汙問題進行合作，尤其是在壓制塔里克這方面。對美國和孟加拉而言，解決國家貪腐問題不僅僅要肅清不良企業，還表示要防止孟加拉變成墮落的國家；正如維基解密所述，當時美國駐孟加拉大使莫健（James F. Moriarty）給國務院的電報：「達卡大使館對孟加拉有三個重要優先事項：民主化、發展和限制恐怖份子活動。塔里克大膽的貪汙行為對三者有所危害。他在司法程序中貪汙、勒索和干涉的經歷，會破壞法治，並威脅到美國建立穩定、民主化孟加拉的目標。塔里克助長了腐敗的商業行為與索賄風氣，他阻礙孟加拉迫切需要的外資，並複雜化美國企業的國際業務，使美國促進經濟發展的努力偏離正道。最後，他公然蔑視法治，讓恐怖份子有強大基礎在孟加拉立足，同時也加劇貧困，削弱民主制度。簡而言之，孟加拉的許多問題都能歸咎於塔里克與其親信。」

美國自二〇一〇年以來，司法部啟動「反竊盜統治」[2]措施之後，就開始發揮巨大的影響力，阻止外國官員享受貪汙成果；其作為包括派遣如拉普薇特的特務去搜查、沒收非法資金。假如外國官員利用美國銀行系統洗錢（例如，以美元進行電匯行賄），美國即有權扣押這些錢以及他們從中取得的任何資產。《聯合國反腐敗公約》（UNCAC）是一百五十多個國家正式批准的條約，為美國和孟加拉在追討資產方面提供了法律框架。

拉普薇特和塞繆爾在孟加拉找到一小群耿直的盟友，包括時任孟加拉反貪腐委員會檢察官胡克；當時的司法部長艾哈邁德，是一位曾在哥倫比亞接受教育的經濟學家；還有撒立哈（Saleh），他是個進取心十足、打擊貪汙不遺餘力的金融調查員（撒立哈並非他的本名）。

當拉普薇特會見孟加拉反貪腐委員會主席暨備受尊敬的前四星上將喬杜里（Hasan Mashhud Chowdhury），她遞給他一份複雜的圖表，其中有許多相疊的線條。「這套聯邦調查局的程式，能讓他們追蹤銀行帳戶的錢。你可以把資料印出來，上面會顯示金錢的流向，」艾哈邁德說：「孟加拉反貪腐委員會主席……他大吃一驚。完全沒有料到黛博拉有如此詳盡的資料，如此深入細節。」

拉普薇特解釋，從二〇〇一年開始，賄款不斷從西門子在奧地利與塞普勒斯的空殼公司流向新加坡的銀行帳戶。透過法證會計，她發現這個帳戶屬於一家在新加坡註冊的公司：「薩斯貿易」（Zasz Trading）。薩斯貿易公司實際上屬於阿拉法特，也就是塔里克的弟弟。（「Zasz——薩斯」這個名字，取自阿拉法特的兩個女兒與妻子姓名的首字母：扎希亞〔Zahia〕、莎米拉〔Sharmila〕和扎菲亞〔Zafia〕。）二〇〇五年八月，薩斯貿

2　編注：反竊盜統治（Anti-Kleptocracy Initiative）防止政府統治者利用政治權力，侵占人民的財產與權利。

易的帳戶從西門子中間人收到十八萬美元的款項。拉普薇特堅持認為，孟加拉能在美國的幫助下拿回這筆錢。

不僅如此。西門子有一百七十萬美元左右的資金也透過美國空殼公司流向香港匯豐銀行的帳戶。這筆錢用於賄賂當時的孟加拉電信部長哈克。那時，哈克過著危險的雙重生活。

◆

在武裝份子抵達農舍的前幾天，穆赫辛得知兒子的學生組織成員與當地民族主義黨派系（由哈克控制）發生爭執。

二〇〇三年，不明襲擊者在省城拉傑沙希市槍殺了民族主義黨的市政府領導人。二〇〇四年二月，一位前民族主義黨國會議員的侄子遭到槍殺。隨後又發生兩次暗殺事件，對象皆為民族主義黨領導人及其家人——與哈克及他強大的盟友關係密切。警方未將襲擊者逮捕，也沒有查出身份。但當地的民族主義黨激進份立刻責怪人民聯盟的成員。根據警方的報告，哈克其中一個親密盟友率領一群暴徒到人民聯盟的大本營諾多爾，燒毀將近四十間房屋和商店。

才過了幾週，蒙瓦爾就成了民族主義黨的另一名受害者。「我的兒子是人民聯盟學生地方分會的主要活動者之一，所以他也變成目標。」穆赫辛接著說，就他所知，兒子從未參與任何襲擊或暴力活動。

民族主義黨和人民聯盟之間的衝突相當普遍，而且已持續多年。這些衝突可能發生暴力，有時甚至致命。但蒙瓦爾受到的襲擊卻是不同程度，因為他們殺死蒙瓦爾之後，留下斬首的屍體作為警告，強烈宣示聖戰者組織的誕生。

過了四天，約在四月五日上午十一點，穆赫辛聽見外面有機車震耳欲聾的引擎轟鳴聲。他衝到門口，看見一大群人在他的農場，約有一百至一百五十人。有人拿散彈槍和手槍，有人持棍子和鐵棒。暴徒一邊喊著「哈克萬歲！」，一邊對空鳴槍。穆赫辛和塔赫拉躲在農場的一幢小屋，而鄰居們慌張逃離。暴徒開始毀壞穆赫辛的房子，將之夷為廢墟；事成之後，他們歡呼著騎上機車，在塵土之中揚長而去。

那時，穆赫辛確信哈克與兒子的謀殺案有關。

◆

哈克當時六十一歲，頭上頂著濃密的捲曲灰髮，鼻子很挺，戴著一副又大又黑的眼鏡。他正處於事業的巔峰，在孟加拉創造漫長又輝煌的政權。

哈克是孟加拉一個顯赫地主世家的後裔，曾在英國研習法律，並在三十一歲時（一九七四年）獲得林肯律師學院（Lincoln's Inn）的律師資格。他回到孟加拉後，他事業成功，成為一位律師，在國內最高法院處理訴訟。一九九一年，他以民族主義黨候選人的身份參加議會選舉，在一九九〇年代三度贏得拉傑沙希市的席次。

在孟加拉政治不穩定時，民族主義黨執政的關鍵是拉傑沙希市，這個地方是重要的票倉。哈克有助於維持掌權。二〇〇一年，他再次獲得拉傑沙希市的席次，而民族主義黨也贏得全國大選。作為獎勵，他獲得電信部長一職，這是他貪圖已久的職務，負責監督數十億美元的案子。哈克成為黨內最有影響力的主力之一，為民族主義黨中央執行委員會的成員——很快他就成了塔里克的親密盟友。他也是孟加拉技術發展與進步的代言人，經常開記者會，讚頌「遠端通訊」計畫的好處，還有該計畫將如何重塑孟加拉的未來。這項專案其實也重塑了他自己的未來，讓他異常富有。

西門子最先在二〇〇二年初就對哈克行賄，當時公司的管理階層意識到，若想簽下「遠端通訊」計畫，就必須付錢給哈克。哈克家族的密友米扎努爾（Mizanur Rahman）找西門子商量此事。「他在哈克掌權時，專門與西門子建立業務。米扎努爾是這樣說的『沒有我，西門子就沒有生意可以做』。」孟加拉調查員撒立哈描述道。二〇〇二年十二月，西門子孟加拉分公司與米扎努爾簽訂協議。如同許多賄賂案件，米扎努爾擔任哈克的中間人，收取「諮詢費」，並將這筆費用當成賄款轉交給哈克。米扎努爾的契約規定，假如西門子贏得交易，他將獲得孟加拉電話暨電報局合約總額的百分之五——總計約三百七十五萬美元。

在此期間有多少錢流到哈克手中仍未明朗，但他開始不眠不休地在幕後幹活，以確保西門子的出價達到國家採購委員會（National Purchase Committee）的標準。他是西門子貪汙計畫中不可或缺的人物——而對他自己的計畫而言，西門子的賄款似乎也必不可少。

二〇〇四年，蒙瓦爾被謀殺的消息登上孟加拉的頭條，震驚了全國。更令人擔憂的是，聖戰者組織繼續製造流血事件，四個月內殺害了二十五人，傷殘者多達五百人，尤其針對人民聯盟許多支持者。哈克身為拉傑沙希市的議會成員，還必須負責整體管理與公共安全。當一位警官請求哈克提供更多資源來對抗聖戰者組織時，他說哈克如此回應：「你不必擔心，因為總理與她兒子們都知道狀況。」這位警官嚇了一跳，回答：「我必須做些什麼，因為這是我的職責。」接著哈克警告他：「你不能，因為該組織是由政府最高層、總理、總理兒子以及情報局撐腰。」

「哈克支持聖戰者組織，也要求我一起支持。」警官回憶道。雖然他認識哈克已將近十一年，但他對自己未能打擊聖戰者組織仍耿耿於懷，因為當時的組織規模並不大，有機會及時遏止。他很快就發現，自己無法再指揮那些聽命於哈克的下層警察了。「我如果叫他們逮捕某人，」這位警官說：「他們就會傳訊給總理，然後阻止我。」

哈克有效制服當地警察後，聖戰者組織把拉傑沙希市當作行動基地。那時，孟加拉的記者曼尼克（Julfikar Ali Manik）前往該省，設法採訪聖戰者組織的領導人伊斯拉姆（Siddiqi Islam）。伊斯拉姆的綽號是「班格拉．巴」（Bangla Bhai）或「班格拉兄」（Bangla Brother），曾在阿富汗與塔利班[3]做戰期間接受遊擊戰訓練。他向記者吹噓自己指揮了一萬人，不過這個數字難以證實。但某天下午，他們在拉傑沙希市中心舉行一場聲勢浩大的遊行。聖戰者組織的數千名支持者出動，乘著六十輛公車和數百台機車，由警方護送。有消息傳出，指哈克公開支持該組織。

許多認識哈克的人都相當震驚，因為這種地位的人居然跟孟加拉的恐怖主義有掛鉤。「他很聰明，」一位認識哈克的西方外交官說：「我認為他的分析能力很出眾。還有耐心。他的耐心以及他對大局、長期目標的判斷力，讓我印象深刻。」

哈克和塔里克本身並非基本教義派[4]。有一位達卡的前刑事情報員，花了數年時間追蹤孟加拉恐怖主義的活動；他表示哈克和塔里克對恐怖組織的支持，幾乎能說純粹是戰略與政治目的。「塔里克可能一天根本不會祈禱五次[5]——他根本不想做禮拜，」這位官員說：「但他想利用伊斯蘭主義者來對付他的政治對手。」他接著描述哈克、拉

3　編注：塔利班（Taliban）是活躍於阿富汗和巴基斯坦的伊斯蘭教武裝恐怖組織。

4　編注：基本教義派（Fundamentalism）是指某些宗教群體試圖回歸其原初的信仰的運動，或指嚴格遵守基本原理的立場。

5　編注：遜尼派穆斯林的禮拜，一天必須行五次，分別為晨禮、晌禮、晡禮、昏禮和宵禮。

赫曼兩人與班格拉兄、聖戰者組織達成的魔鬼交易：「他們提供庇護，想利用這些組織來擺脫人民聯盟。另一方面，伊斯蘭主義者也得到庇護、政治支持和資助，有助於他們的活動。」

「但情況很快就失控了，」官員接著說。他形容聖戰者組織是個怪物，最終發展出自我的意志，繼阿富汗的塔利班之後也自成一格。「聖戰者組織與民族主義黨發生衝突，」官員解釋道：「這造成民族主義黨的危機。他們的支持者與武裝份子針鋒相對。」

雙方的裂痕在二〇〇五年八月十七日爆發。當天上午，聖戰者組織的密工在孟加拉六十四個地區當中的六十三個，同時引爆逾五百枚小型炸彈。無人喪生，但此舉的重點並非造成傷亡：聖戰者組織發出信號，表明組織野心已經大大超出「只殺拉傑沙希市的人民聯盟支持者」的範圍。眼下，聖戰者組織想要的是一個伊斯蘭國家，並願意與任何礙事的人開戰，包括以前的支持者。

炸彈事件發生後，當地報紙立即報導孟加拉情報局、警官都急於回答一個迫切的問題。這種規模的攻擊，顯示出聖戰者組織受過高級的訓練，擁有龐大國內的網路、炸彈專家，以及取得致命之物的管道。該組織的資金究竟從何而來？

巧合的是，銀行的記錄顯示在二〇〇五年八月十八日，即炸彈襲擊後的第二天，西門子公司將十五萬美元匯入了一個香港的銀行帳戶。這筆錢是哈克的賄款。

◆

二〇〇九年，拉普薇特和塞繆爾在達卡的安全地點入座，這是孟加拉憲兵提供的安全處所。她們的周遭看起來像普通的會議室，有一張大桌子和幾張辦公椅。拉普薇特過去一年來多次造訪孟加拉，塞繆爾參與了大部份。她們兩個與孟加拉將軍、孟加拉反貪腐委員會建立了良好的工作關係。西門子的賄賂案在美國和德國已經得到裁決並結案，而該公司付出了沉重代價，基本上已有所進展。然而許多工作仍在進行，追蹤賄款、將收賄者繩之以法，以及調查他們在孟加拉暴力與交戰的循環中發揮的潛在作用。

那時，塔里克與他的弟弟阿拉法特都沒有被拉普薇特和塞繆爾訊問。二〇〇八年九月，塔里克以醫療為由獲准保釋，立即飛往倫敦。維基解密洩露的美國國務院電報寫道：「塔里克與當地最高法院有深厚政治關係，設法操縱司法程序。看守軍政府試圖阻止他保釋，但他克服了。」阿拉法特也以醫療為由獲准保釋，先是飛往曼谷的醫院，再去馬來西亞，據傳他在馬來西亞有一棟豪宅。

在拉赫曼氏兄弟缺席的情況下，軍方安排拉普薇特和塞繆爾訊問西門子按的嫌犯、線人、中間人和馬伕。這些人被孟加拉憲兵逮捕，並帶往祕密地點。氣氛相當緊張。被帶進來的許多人知道聯邦調查局可能會威脅、傷害他們，所以都哭了。美國人採取溫和的方式，告訴他們：「瞧，我們在幫政府打擊貪汙，也不斷調查西門子案。我們知道你有情報。我們希望你知道這是自願性質。你們隨時都能離開。」有些人確實離開了，但大多數人選擇留下。許多人曾與拉赫曼氏兄弟密切合作，開始講出祕辛。一位聯邦調查局的調查員說：「你發現那麼多人願意講話會很驚訝，因為他們想讓自己的國家變得比現在更好。」

西門子賄賂計畫的主要中間人塞利姆（Fezle Selim）和阿里（Zulfikar Ali）也被帶進來。塞利姆承認他從西門子得到的錢是用於賄賂，並告訴美國人，西門子的高層主導了整個計畫，決定「是哪個政府官員，又要賄賂多少錢」。阿里表示，哈克與其他官員之所以選擇西門子進行遠端通訊計畫，並不是因為西門子的提案對孟加拉最好，而是因為賄賂能使他們自己受益。

與線人們會談了數小時乃至數天，西門子黑錢流向開始有了輪廓。拉普薇特和她的同事不僅證實哈克和阿拉法特收賄，也得到了一個原本未知的線索：塞利姆和阿里拿出一部份西門子給的錢，然後轉交給塔里克。

「西門子的錢以現金形式給了塔里克。從塔卡（孟加拉國貨幣）的帳戶中取出。我們面談的那些人說：『我們會等待，可能會要求我們把錢拿給他。』不然就是他親自到這些人的辦公室拿，或派代表去拿。」聯邦調查局調查員說。塔里克用中間人一個接一個轉移現金，創造了一個錯綜複雜的分層系統，讓自己遠離賄款來源與罪責。艾哈邁德說：「聽說有些人會拿手提箱，裝滿塔里克的錢，從孟加拉飛到杜拜這種地方。」阿拉法特就沒那麼小心了，他把西門子的錢直接匯入他的新加坡帳戶。「對阿拉法特來說，這般透明相當愚蠢。」

西門子的內部調查發現，總共有五百三十萬美元的電匯賄款是在孟加拉執行。八月的炸彈襲擊事件之後的一年，西門子陸續給了哈克二十五萬美元、三十四萬美元等大額款項。總計一百七十萬美元，全都匯入米扎努爾的銀行帳戶。中間人阿里和塞利姆總共收到三百二十萬美元，他們分發超過兩百二十萬美元。尚不清楚有多少配額最後落入塔里克的口袋。聯邦調查局以正在調查為由拒絕回應，撒立哈也不置可否。

可能還有更多錢下落不明。塞繆爾和拉普薇特的證人告訴她們，遠端通訊計畫中的實際賄款總額將近一千兩百萬美元。塔里克與哈克收到的錢可能比先前報告的還多。

維基解密洩露的美國國務院電報顯示，遠端通訊的款項只是西門子分配給塔里克的一部份：「其中有位證人將賄款從西門子轉交給塔里克及其弟弟阿拉法特，根據他的說法，塔里克在孟加拉的所有西門子交易中（以美元支付）收了大約百分之二的賄款。」假如證人所言為真，則表示在塔里克的母親二〇〇一至二〇〇六年掌權期間，西門子可能給了他數千萬美元賄款。

拉普薇特在孟加拉這段期間對一件事甚感疑惑：「賄賂會產生骨牌效應。數百萬美元的合約來到這個國家，目的地究竟在何處？」

◆

撒立哈調查員是一位反洗錢專家，也是孟加拉具影響力的最高執行者。他非正式政府成員，所以不受官僚體系約束。反之，他處於灰色地帶的位置，在幕後工作。

雖然美國政府在過去十年，表現出打擊企業賄賂的決心，但其法律管轄、政策授權和資源卻僅此而已。最後這些起訴從未延伸到賄賂的終端後果。同樣，企業永遠不會受懲罰，不管哈克這種收賄的外國官員如何用那些賄款。

不過，撒立哈多年來追蹤這些黑錢。他仔細分析了西門子的賄款，越來越擔心孟加拉嚴重貪腐的其中聯繫——哈克、塔里克和阿拉法特據稱收的數百萬美元的企業賄款，以及孟加拉伊斯蘭恐怖主義的崛起。

撒立哈是有戰場經驗的前軍官，做事非常專注，幾乎是一絲不苟。他的反貪腐行動讓他在孟加拉樹敵無數。他隱藏身份，與其說是考量到自身安全，不如說是為了家人的安全。還為了以防萬一，安排家人離開孟加拉。

後來幾週，撒立哈找到哈克的蹤跡，追查到距離達卡九十分鐘路程的公園附近的一處出租房屋。哈克自從曝光了自己暗中支持聖戰者組織之後，就成了隱藏大師。齊亞總理、其他民族主義黨領導人起先皆否認班格拉兄和聖戰者組織的存在，當成是媒體捏造的假新聞。但聖戰者組織的自殺炸彈客在二〇〇五年十一月襲擊，造成十一人死亡、一百人受傷（孟加拉歷史上首件自殺攻擊事件），政府於是被迫採取行動。二〇〇六年三月，警方在一個全國搜索行動中，逮捕班格拉兄和其他五位聖戰者組織領導人。一年後看守軍掌權時，這六個人被處以絞刑。

多年來，蒙瓦爾的父親穆赫辛都過著提心吊膽的日子，不過由於極端主義組織漸漸被消滅，他在拉傑沙希市對哈克提起訴訟，認為他該為兒子的死負責。聖戰者組織的其他受害者還說，班格拉兄經常與哈克通電話，而哈克有時候會下指令執行酷刑。警方也同時對哈克提起訴訟，於是這兩個案件合併了。

根據目擊者的證詞，拉傑沙希市二級附加會議法院（Second Additional Sessions Judge's Court）的法官禮薩（Rezaul Islam）宣判前部長與其他十七名聖戰者組織支持者謀殺未遂、綁架以及教唆衝突等罪行——孟加拉歷史上第一次做出如此判決。禮薩控告哈克親自策畫許多聖戰者組織襲擊事件，並譴責將伊斯蘭教扭曲為暴力。二〇〇七年七月，哈克的缺席判決[6]結果是三十一年六個月的徒刑。檢察官努魯爾（Nurul Islam）在宣判時表示：「哈克與其他政客都曾直接、間接支持和贊助聖戰者組織。」

努魯爾和其他涉案者當時都不知道，這筆資金的一部份可能來自西門子的賄款。

我二〇〇九年首次將這一系列故事在公共廣播電視公司（PBS）的電視節目《前線／世界》（*Frontline/World*）、《基督科學箴言報》（*The Christian Science Monitor*）、《明鏡》（*Der Spiegel*）上報導。孟加拉政府回應了我的報導，宣布要成立國會委員會來調查西門子的資金是否有資助聖戰者組織。但該委員會未曾公布調查結果，西門子案的作用依舊是個謎。

就撒立哈而言，他相信：「一定有部份黑錢流向恐怖主義。恐怖份子用不同方式籌集資金。但黑錢絕對是來源之一。企業正在資助宗教恐怖份子。」他指出，哈克收到西門子匯給米扎努爾的一百七十多萬美元。西門子的顧問也給哈克大筆現金，而且無跡可尋，正如他們給塔里克一樣。「華為也有賄賂哈克。」他補充道，提及在這筆交易中與西門子合作的中國公司。（聯邦調查局並未調查華為，也未指控華為有不當行為。）

撒立哈的指控得到了孟加拉情報官員的證實。那位官員任職於國家內部安全部門。他擔任此職，曾親自訊問聖戰者組織及其附屬組織「伊斯蘭聖戰運動」（HUJI）的

---

6 編注：當事人和代理人未出席審判且未陳述意見的審判。

領導人；眾所周知，伊斯蘭聖戰運動與蓋達組織有掛鉤。「我們審問聖戰者組織和伊斯蘭聖戰運動的領導人時，漸漸了解到貪汙的作用。同一筆錢在四處流動，有時流向恐怖份子的銀行帳戶，有時則流向恐怖份子背後的人手上。」情報官員解釋道：「他們明確提到哈克和塔里克的名字。哈克無論在精神上或經濟上都支持他們。」撒立哈與情報官員都沒有直接證據證明哈克將西門子的部份賄款交給聖戰者組織，但幾乎能肯定的是，哈克交給他們的錢八成是現金。

撒立哈和情報官員都說，聖戰者組織沒有被擊敗，而是轉為地下活動。該組織已經轉變，變得訓練有素且更具殺傷力。正如最近一次反恐行動，該組織的成員不再是教育水準低下的伊斯蘭學校[7]學生，那些學生原本是組織成立時的核心角色。「我們一夜之間逮捕了七個聖戰者組織成員，」情報官員描述：「那七個人，有六個是私立大學畢業，一個來自南北大學，」南北大學是孟加拉公認最自由的大學之一。「他們非常激進，」情報官員接著說：「他們已經準備好送死，準備去巴基斯坦，再去敘利亞。他們想與伊斯蘭國作戰。」

二〇〇九年一月，美國司法部在華盛頓特區針對阿拉法特新加坡帳戶中的兩百萬美元（除了西門子提供的十八萬美元，餘款是一家中國建設公司給一項港口基礎建設案的賄款）以及阿里、塞利姆的新加坡帳戶中剩餘的一百萬美元提起沒收訴訟。由於賄賂是用美元支付，且流經美國的銀行，美國司法部因此主張有司法權，並希望查獲這三百萬美元之後，就將這筆錢交給孟加拉，指定成為孟加拉反貪腐委員會的基金。

不過要這麼做，必須先取得新加坡的同意與幫助，而新加坡拒絕合作。「新加坡人基本上擔心的，是這起事件可能成為透過法律制度追討黑錢的先例，因為他們有許多類似狀況，」在新加坡有多年工作經驗的前美國國務院官員解釋：「所以，他們面臨了一個難題，判斷哪一個選擇更重要。老實說，要當國際企業舞台的乖乖牌，還是保護裝在袋子裡的錢呢？最後他們發現，兩者同等重要。」

7 編注：伊斯蘭學校（madrassah）指伊斯蘭世界所有類型的學校，包括世俗及宗教學校。

當新加坡當局最終凍結阿拉法特在薩斯貿易公司的帳戶，阿拉法特透過律師回答這帳戶不是他的，拉普薇特便出示了薩斯貿易的銀行記錄，其中包括她透過國際執法機關熟人取得的護照照片，曾用於開設此帳戶。阿拉法特則繼續否認他的所有權，而且最後還獲得司法部的支持。由於沒有人出面指認這筆錢，美國司法部做了一個缺席判決。美國和新加坡都放棄這兩百萬美元的相關權利，而這筆錢最後給了孟加拉反貪腐委員會。

這場小小的勝利很重要。拉普薇特與撒立哈，還有塞繆爾與艾哈邁德都奠定了國際合作模式的基礎。「我們創造的還是萌芽階段，但只要有任何機會，我們就會繼續進行。」撒立哈說。

遠端通訊計畫的災難性結果，突顯出為何打擊企業賄賂如此重要。二〇〇九年，調查該計畫的專責小組發現，由於哈克管理不善，再加上貪汙和拖延，導致了三千萬美元損失。調查報告發現，該計畫閒置多年，原因是哈克為了確保西門子得標所以只做幕後工作。遠端通訊從未成功建立用戶群，如今只占孟加拉九千五百萬手機用戶的百分之一。「現在遠端通訊的規模已經小到快被忽略了。」孟加拉電信產業二〇一二年的貪汙市場調查報告寫道。

拉普薇特的團隊找到更多線索。他們無法追查到哈克的錢，但他們在二〇一一年，他們對米扎努爾（曾是哈克的中間人）提起逃稅訴訟。

接著，團隊把目標集中在更大的目標：塔里克。孟加拉政府尚無證據能證明塔里克洗錢，以及其他待審的十六項控訴，包含謀殺。政府也無法沒收他的錢，因為不知道錢藏在哪裡。「眾所周知，他拿走很多錢，然後建立了一個平行國度[8]來簽發合約。他是最貪腐的人，但我們不能抓他，」艾哈邁德說道：「將他就地正法具有象徵意義。」

但就在拉普薇特與線人面談的同時，一位名叫卡迪扎（Khadiza Islam）的女商人主動找上門。卡迪扎是哈爾濱能源（Harbin Energy）的當地代理人；哈爾濱能源是一家中國公司，正在爭取一份政府合約，內容是在距離達卡約兩小時路程的棟吉鎮（Tongi）建設發電廠。哈爾濱能源得標後，匯了七十五萬美元賄款到塔里克控管的新加坡帳戶。拉

8 編注：平行國度（Parallel state）是結構類似國家的非合法組織，能將國家的政治和社會意識形態傳達給群眾。

普薇特對新加坡提出正式請求，取得了塔里克的花旗銀行記錄，追蹤他用哈爾濱能源的賄款在全球各地做了哪些採購。這是他們證明塔里克與洗錢有關連的最直接證據。

由於發現的人是拉普薇特，所以孟加拉當局如果想利用這項證據，就必須讓拉普薇特親自到孟加拉作證。此前，沒有聯邦調查局的特務在孟加拉法庭上作過證。

二〇一一年十一月十六日，拉普薇特和塞繆爾搭上一架往東的飛機。就在她們離開的前幾天，塞繆爾把拉普薇特拉到一邊說：「我只是想告訴妳，我得乳癌了，」她繼續說：「所以我可能會提早退出。」拉普薇特很驚訝，回答：「妳該怎麼做，就怎麼做。妳覺得不該繼續，就別繼續。」但塞繆爾堅持繼續陪伴她。

關於塔里克洗錢的證詞，拉普薇特講了大約一個半小時，並呈遞大約三百頁的證據。「塔里克的律師極力為他辯護。他們說法律不允許這樣做，聯邦調查局特務不能出庭作證。」撒立哈說道：「但我們辦到了。」

◆

二〇一六年六月二十一日，孟加拉高等法院做出了一項具里程碑意義的判決，裁定塔里克的洗錢罪成立，依缺席審判判處七年徒刑。塔里克在這個長達十年的司法戰爭中第一次被判有罪。根據孟加拉法律，定罪表示他可能無法再度參政。該判決雖然與西門子案沒有直接相關，卻是這次調查的重要衍生結果，而且只有在聯邦調查局與孟加拉政府間獨特而持久的合作中，才有可能出現。

不幸的是，塞繆爾沒辦法活著見證自己努力的成果。她在二〇一三年九月十三日死於癌症。而孟加拉法院的判決，也標誌著拉普薇特的聯邦調查局職涯該圓滿落幕了。她幾個月前才退休，不過現在是「哨兵組織」（Sentry）的貪汙案調查員；哨兵組織是克魯尼（George Clooney）和普倫德加斯特（John Prendergast）成立的非營利組織。拉普薇特仍舊遊走世界各地，調查索馬利亞、剛果等國家的政治領導人如何利用貪汙所得來支持衝突與內戰。

塔里克被定罪的兩週後，有七名武裝激進份子衝入一家在達卡深受外國僑民歡迎的西式咖啡館。他們投擲手榴彈，劫持人質，並開始將顧客區隔為穆斯林與非穆斯林。由於圍困持續了一整夜，聖戰者組織對此次襲擊相當得意，宣稱他們與敘利亞國際恐怖組織伊斯蘭國陣線一致。到了早上，警方擊斃全部七名激進份子，但聖戰者組織成員在此之前已將十八名外國人殺害，這是孟加拉歷史上最嚴重的襲擊事件。塔里克的定罪與該事件並無直接關聯，卻清楚顯現了孟加拉花了多少時間對抗貪腐、恐怖主義——以及貪腐、恐怖主義如何與哈克緊緊相連，包括西門子給他的賄款，還有蒙瓦爾的謀殺案。

哈克依然逍遙法外。他只在二〇〇九年公開露面一次，當時他出人意料地自首，罪名是聚斂不法所得。不過他在監獄待了四個月就獲准保釋，然後再度人間蒸發。從那時起，他開始動用一大批律師還有自己在法庭上的影響力，將原本對他的控訴（至少十三起敲詐、賄賂、貪汙和洗錢案件）延緩、終止並推翻。二〇一一年四月，哈克成功對他支持聖戰者組織的判決提起上訴。在聽證會上，主審法官批評檢方起訴的證據太過薄弱。然而，檢方已提出上訴，目前正待最高法院審理。

二〇一二年，孟加拉反貪腐委員會對哈克和米扎努爾提起新的訴訟，指控他們為涉嫌洗錢一百七十萬美元，這筆錢據稱是西門子給前部長的賄款。哈克目前官司纏身；他的恐怖主義與貪汙的判決結果，是孟加拉持續為正義抗戰的一大考驗。

「如果沒辦法遏止貪汙與暴力，讓民族主義黨重新掌權，那會發生什麼事情？」

撒立哈問：「哈克會變成影響力更大的部長。一旦哈克重新掌權，殺人犯會成為他政府的一部份。他們會對哈克說：『我為你做事，幫助你上台，所以應該給我獎賞。』他那些暴力的隨從將會加入政府的警察機關，」他說道：「這不只對孟加拉來說相當可怕，對各國也是一樣。」

對穆赫辛這種人來說，暴力循環才是真正的威脅。蒙瓦爾被謀殺十多年後，他們依舊生活在恐懼之中。他的妻子塔赫拉提到當地的聖戰者組織特工時說：「他們已經殺了我兒子，很快就輪到我們了……只有阿拉能保護我們，沒有別的。」

「當地的聖戰者組織特工就住在這個村子附近，常常一起坐在集市裡的茶攤。他們常告訴我，如果人民聯盟政府沒有執政，就會殺了我，」穆赫辛說道。不過才兩週前，他就受到類似恐嚇，當時聖戰者組織支持者告訴他：「我們會把所有指控我們的人殺個精光。」

◆

美國司法部宣布與西門子達成和解之後，在隨後的記者會上，雖然政府發言人傾向於泛論，而非討論西門子案的實際影響，但他們都有提及損害。「國際貪腐削弱了善政，」聯邦調查局官員伯西奇尼當時公開表示：「這不僅壓抑社會與經濟的發展，還徹底破壞公眾對企業、政府與基本公平理想的信任。」但更廣泛地說，司法部、聯邦調查局與國稅局的官員對「賄賂如何破壞競爭並扭曲自由市場」這件事進行了討論。

賄賂雖然對自由市場不利，但對受賄的國家並沒有影響——正因為這種想法的加深，讓承擔責任的企業只需要支付罰款（再次，針對白領犯罪而罰款）卻不用承認自己可能對當地社區造成傷害。但正如《海外反腐敗法》制定者最初的認識，賄賂確實對社會、政治、經濟等方面帶來可怕的衝擊，這也是制定法律禁止行賄的初衷。

同樣，在英美的報紙、雜誌、法律期刊和網路出版物上有關西門子的數千篇報導中，似乎沒有一篇在探討賄賂對那數十個國家可能產生的影響。這是討論最熱烈的弊案之一，尤其因為其中的法律問題以及涉及的巨額。不過，似乎沒有一篇文章在探討賄賂對任何一個國家可能產生的任何影響。

唯有追蹤這些黑錢的最終流向，揭露受害者的故事，我們才能開始全盤理解外國企業賄賂所造成的危害。

9

行騙者的證詞

FLASH BANG

由於執行上的層層限制，檢方為了起訴行賄的個人，必須透過多方蒐證——而在「閃光彈」的幫助下，美國政府進行了一場大規模的個人起訴。

比斯特朗（Richard Bistrong）花費近三年的時間，終於在二〇一〇年一月十八日湊合了他一生中最重要的交易。他經過一千多天協商，用手機發送超過兩萬封簡訊後，對此事的焦慮仍無可避免，他氣喘吁吁地跑過那座公園也無法平靜下來。當他看見一隊休旅車陸續靠近，才終於鬆了一口氣。那裡是他在城外的一個偏遠會合點。

比斯特朗五十五歲，身材高大，有著學者氣質。他出生於防彈衣企業的世家，原本想當個外交政策教授，但他二十年來都是個厲害的軍火商。後來，他成為全球最大武器經銷商之一「裝甲控股公司」（Armor Holdings）的國際銷售副總裁，客戶包括中東和拉丁美洲多個政體。他賣手榴彈給那些國家，並用不正當的幕後交易為他們的總統衛隊提供裝備。

比斯特朗早已迷失生活方向。儘管他的薪水再創新高，在佛羅里達州有豪華轎車與公寓，但他經常嫖妓，也習慣每月花一萬五千美元吸食古柯鹼。他說謊欺騙，過著雙重、甚至三重的生活，還有一個秘密的瑞士銀行帳戶。賄賂最簡單的部份：隨便弄張監管表格，再隨便弄個假發票。沒有人受到傷害。他的公司不在乎；執法人員也置若罔聞。他現在已經是老手了，穿梭在外資之間、支付回扣、取得業績、把獎金弄到瑞士蘇黎世（Zurich），全都難不倒他。

但這一次的交易有所不同，因為比斯特朗身上藏著竊聽器。他曾經被起訴，現在是美國歷史上最久的臥底白領行動的祕密線人。當政府要他做出抉擇——提供協助、或到監獄度過餘生——他選擇響應政府。美國司法部希望抓到行賄者，而不只是對雇用他們的公司開罰。

◆

華盛頓特區的債券大廈（Bond Building）建於一九〇一年，位於第十四街和紐約大道的轉角，是首都東區中心地帶的鍍金時代[1]標誌。大廈的外觀低矮，展現布雜藝術（Beaux-Arts）風格，據說反映出「高調的街頭魅力」。這種描述方式應該也適用於該大廈的主要租戶：美國司法部刑事科詐騙組。那時詐騙組在四樓，而資產沒收組盤踞十

1 編注：鍍金時代（Gilded Age）在美國中南北戰爭和進步時代之間，也是美國財富突飛猛進的時期，約在一八七〇至一九〇〇年。

樓。二〇一〇年初，司法部新成立的《海外反腐敗法》單位接管了整層十一樓。剛搬進來時，《海外反腐敗法》單位的負責人杜羅斯（Charles Chuck Duross）覺得「我們來對地方了」。在俯瞰整個金融區的高處，杜羅斯和幾位律師一邊著手改造國際貿易的進程。

杜羅斯人高馬大，舉止優雅，職業生涯始於邁阿密。邁阿密的聯邦檢察官時常處理毒品案件和組織犯罪活動，他們會建立把人送進監獄的案子，並學會在法庭上站穩腳步。杜羅斯的新職位上，有二十多位檢察官分別向他報告。他精力充沛，但有點不知所措。他還記得，當時他和自己的團隊坐下來開始「整理文件」。

詐騙組的《海外反腐敗法》案件量最近激增。在過去四年，檢察官對一些世上最大的企業處以創記錄的四十億美元罰款，包括貝克休斯（Baker Hughes）、朗訊（Lucent）和富豪汽車。這些調查案成為頭條新聞，改變了國際執法機關對《海外反腐敗法》效用的看法，在商業界自然更是如此。成功越大，資源就會越多。刑事司（Criminal Division）總檢察長布魯爾回憶道，他曾為籌集資金四處遊說，希望聘用更多《海外反腐敗法》檢察官「來使單位制度化」。第十一樓很快就變熱鬧，有律師助理以及翻譯團隊，仔細研究各種語言的證據。該單位也雇用精通複雜的刑事賄賂交易法證會計的承包商。

這些額外的資源使線索變多，超過杜羅斯與其團隊原先查緝的範圍。「我記得我那時被懸而未決的案件數量嚇倒，」杜羅斯回憶：「司法部對外公開說有一百五十件——但其實有更多。你必須懂得取捨，選擇值得追查的案件。」

許多前《海外反腐敗法》檢察官將這個過程稱為「分流」。基於對限制的考量，最符合他們最大利益的就是和解，而非漫長的審判過程——對企業本身來說，這也絕對是最好的結果。《海外反腐敗法》檢察官透過所謂的「延期起訴協議」（DPA）解決了大多數案件。延期起訴協議是新興的法律工具，於一九九〇年代首次應用在企業案例。以前，美國司法部不是對一家企業提起刑事訴訟，試圖贏得判決，否則就是置之不理[2]。但司法部只難以將企業定罪，這對涉及的企業而言也可能是災難性的，可能導致政府合約終止，也可能破產。

延期起訴協議是雙方的一種妥協，處於法律的灰色地帶。聯邦政府依犯罪公司的

2　誠如布魯爾所述：「當檢察官遇到行為不當的企業時，會面臨嚴峻抉擇：要麼起訴，要麼置之不理……現在這些公司都明白，避開控訴不表示已經避開責任。」

受賄規模、嚴重程度處以罰款，並經常將回扣利潤沒收。如果簽訂協議，表示公司同意自行解決問題，包括解雇有賄賂責任的員工；制定更嚴格的內部控制，例如更好、更準確的交易記錄；實施強力的反賄賂法遵計畫，例如培訓員工。如果公司能在司法部指定的一段時間內（通常為三年）成功證明已經進行改革，司法部就能撤銷指控。作為延期起訴協議的一部份，通常公司還需要公開承認司法部指控的犯罪行為，這與認罪不同。不過，與美國證交會達成民事和解的公司則「既不承認也不否認」其不當行為。

隨著詐騙組的《海外反腐敗法》焦點擴大，發布的延期起訴協議也變多了（與「不起訴協議」〔NPA〕相同，詐騙組基於公司積極配合，只收取罰款而不完全起訴。）一項分析顯示，二〇〇九年的《海外反腐敗法》案件只有百分之二十四是透過延期起訴協議或不起訴協議解決。這個比例在二〇一〇年已升至百分之四十。這些案件繼續生成數億美元的罰款，而在企業行為有巨大變化的同時，許多司法部內部人士不禁納悶：正義何在？在數百萬美元的賄賂案中，負有直接責任的人很少入獄。許多人希望這種寬厚能有所改變。

佩勒提就是其中一位。他在司法部有二十五年資歷，當時擔任詐騙組的主要副組長。「我相信在企業環境中，如果不起訴高層，情況就不會有變化。」他說道：「不然這些公司就像在付超速罰單。你也無法讓一切努力值得，做出文化變革。」

半英里之外，在唐人街邊緣的H街，是聯邦調查局《海外反腐敗法》調查小組的辦公室所在地，正式名稱為「國際反貪腐小組」（ICU）。國際反貪腐小組的特務與司法部協力調查，為蒐集證據、採訪證人經常往返他國。正如司法部的《海外反腐敗法》單位，在二〇一〇年，聯邦調查局調查小組的規模、資源方面都顯著增加，調查員多達十五位。他們也希望看到企業高層就地正法。

「他們加入是為了親手逮捕犯人，」一位聯邦調查局前高級官員談到他底下的特務，他說：「大家都想要大顯身手。說到底，我們都是在追究個人責任。」

布魯爾認為：「我堅信機構必須承擔責任，但個人也必須承擔責任。」他在二〇〇九至二〇一三年間負責監督《海外反腐敗法》的所有起訴政策。「但說白一點，在這方面，目前沒有一位企業高層被起訴。我認為這就是問題。」

事實上，布魯爾不斷遊走全國各地乃至世界各國，他所言不假。

布魯爾、佩勒提與杜羅斯三人都確信為了實現該目標，必須有能為這類案件辯護的律師。「待過律師事務所的檢察官都很聰明、勤奮，但他們的判決經驗不多，」杜羅斯解釋：「你還是要知道怎麼證明犯案。」杜羅斯聯繫邁阿密的聯邦檢察官，並說服其中幾位加入。與此同時，布魯爾也招募了精明務實的訴訟律師，包括紐約的前恐怖主義檢察官諾克斯（Jeffrey Knox）。

二〇一〇年一月時，聯邦調查局在拉斯維加斯逮捕了十六家國際軍火公司的二十二位高層主管，指控他們意圖收買非洲國家加彭的高級官員——這是美國司法部針對個人有史以來最大規模的起訴，也是實施《海外反腐敗法》的里程碑。這次的行動之所以能夠實現，多虧了司法部和聯邦調查局暗藏的「秘密王牌」：一位極為成功的前軍火商，名叫比斯特朗。

◆

當司法部逮到比斯特朗時，他已違反美國和世界各地的十幾項法規。至於其他犯罪活動，他賄賂了多國的政府官員、掏空自己的公司、謊報稅款、洗錢、超額攜帶現金出入境，運輸違禁品。他如果不跟司法部合作，光是洗錢罪就要判二十年徒刑。

二〇〇七年的某個時候，裝甲控股公司有人舉報，比斯特朗為了贏得合約而賄賂聯合國官員，而且他一直在洗錢。五月時，高層開始調查並將他解雇；一個月後，他的妻子提出離婚。同時他的毒癮失控了。二〇〇七年六月，正當比斯特朗認為處境不可能再更糟的時候，他的律師接到一通電話，知會他裝甲控股公司已向司法部舉報比斯特朗的賄賂行為。比斯特朗還記得，當時聯邦檢察官對他的律師說：「我們希望他來跟我們談談。」

比斯特朗的賄賂行為始於二〇〇〇年前後，他當時在玻利維亞、奈及利亞等開發中國家開展越來越多業務。「我開始聽到這種說法：我必須『關照』外國那些終端用戶才能贏得合約。我必須『關照』那個人。」比斯特朗回憶道。他補充說，在數百萬美元的大型軍購案中，實際的賄賂行為往往始於一位銷售主管與一位中間人的談判，後者代表了外國政府。有時政府官員也可能出席，可能會在簡單的晚餐中進行交易。無論是哪種情況，那些字眼很少被講出來，「賄賂」自然不在話下。「你親眼見證了一些事，而他們說的不是你的語言。」比斯特朗說：「你會聽不懂。代理人不會告訴你：『對了，我剛才收買了那傢伙。』從來沒講得那麼明。」但就像比斯特朗解釋的，他直覺有些事不對勁。「你能看到警訊。你明明知道這時應該打電話給公司，然後離開現場，但我欺騙自己，說這是得標的必要條件。」

他接著說，銷售主管的個人壓力也驅動了賄賂，因為「想想看，如果你沒有達成業績，結果會多糟」，他描述自己當時的情況：「我一年有兩百五十天在國外。我週日晚上飛到英國，週一去上班，週五再搭飛機離開。我現在負責的業績有一億美元。這種壓力揮之不去。」

司法部找上比斯特朗時，他惴惴不安，但願意合作。「我的生活非常偏離正道——我失去與家人、朋友和宗教的親密關係，」他解釋道：「與政府合作讓我有機會自省，讓我思考自己的所作所為——坦白說，不只是政府方面，還有我以前的生活。」在憲法大道上的羅伯特．F．甘迺迪司法部大樓的會議室，比斯特朗與司法部律師利普頓（Joey Lipton）、兩位聯邦調查局特務交談。「既往不咎，」利普頓對比斯特朗說：「不管你以前做過什麼。你已經來了。」

作為一項犯罪，跨國公司的賄賂活動幾乎不可能被揭穿。聯邦執法機關本身也承認，這些案件的鑑定通常不簡單。「我們很容易看見大部份犯罪問題。你知道去年有多少家銀行被搶了。但賄賂你要怎麼講？」聯邦調查局特務說道。調查人員經常在黑暗中摸索極其細微的線索。「我們沒有厲害的技術，」杜羅斯說：「四面八方卻都是煙霧和鏡子。」司法部總是不得不等待有人挺身而出，才能開始著手賄賂案。有時候是員工認為他的公司犯罪而舉發。有時是公司本身發現員工在海外行賄，因為主動協助辦案可以減少罰款。但大多數人並不會呈報自己的犯罪行為，所以對於賄賂，聯邦檢察官多半只能被動應對，而非主動揭弊。「但你做這一行，一定要積極主動才能有效果。」佩勒提解釋道。

比斯特朗提供了改變動能的機會。第一次會面時，他透露大量資訊，不只關於賄賂的進行方式，也涉及了心理上的感受。他談到企業高層行賄時的想法。他其實就是一本賄賂百科全書，這不但是他本人的所作所為，也是軍火產業五百億美元回扣的全球文化產物，從厄瓜多到土耳其，再從阿姆斯特丹到奈及利亞。他私底下認識幾十家狡詐的軍火商、代理商和經銷商，許多家的總部都是在美國。「我談了很多我親眼目睹的事情，」比斯特朗說：「幫他們打開往國防出口業務的一扇窗——即通往這個產業的窗口。」

幾週後，在七月的第二次會面，特務福爾弗（Chris Forvour）問比斯特朗是否願意戴竊聽器。「我們希望你與你生意上的熟人見面，並希望你同意錄音，並與這些人討論你跟我們分享的資訊。」比斯特朗記得聯邦調查局相關人士這麼說。他立刻答應了。

隨著海外賄賂問題不斷加劇，司法部和聯邦調查局無意間發現這位終極圈內人。他們透過比斯特朗，就能在軍火業的貪汙祕密世界中找到線人，或至少找到蛛絲馬跡。他們當然是在冒險，因為比斯特朗是未知數——曾經吸毒、詐欺，是個罪犯。但正如一位前聯邦調查局官員說的：「不入虎穴，焉得虎子。每一個消息人士總有糟糕的地方。」即便如此，許多人還是忐忑不安，比斯特朗更是如此。「請記住，」福爾弗安撫他：「聯邦調查局最後會勝利，你站對邊了。」

◆

《聯邦證據規則》（Federal Rules of Evidence）規定，聯邦檢察官必須在排除合理懷疑的情況下證明自己對事件的陳述，才能使定罪成立。他們必須用某種方式證明犯罪的所有要素，而這個方式只能使陪審團得出被告有罪的結論。因為刑事定罪的後果往往很嚴重（最主要可能喪失人身自由），因此「排除合理懷疑」的舉證責任很高[3]。

在《海外反腐敗法》的案件中，司法部有責任證明被告的行賄意圖。因為依法並不用證明有實際行賄行為，只要證明有行賄承諾就夠了。問題是：在大型企業內部，檢察官要如何找出對行賄意圖負責的人？又如何在排除合理懷疑的情況下證明這一點？

在任何刑事案件中，證明個人意圖都有相當挑戰性。但海外賄賂案件又增加一層複雜性。在規模龐大的賄賂計畫中，資金在多個國家挪用，檢察官可能需要數個月的時間才能確定找尋證據的地點，比如銀行記錄，然後再花數個月的時間透過司法互助請求來取得記錄。「你找到了第一個國家，發送《司法互助條約》後，需要幾個月的時間，」杜羅斯解釋：「幾個月後，你拿到這個銀行記錄，會發現這些錢只在那裡放了

3 編注：排除合理懷疑（Beyond a Reasonable Doubt）是美國刑法的舉證標準，如果檢方能提出足夠證據，讓陪審團對指控沒有合理懷疑，即可判決被告有罪。

一天。」如果錢消失了，被轉移到其他地方，檢察官得重新執行這個過程。

駐外國的聯邦調查局特務的情況未必更好。他們常常沒有可靠的盟友，力有未逮。「你不能相信任何人，因為你在一個疑慮重重的世界。有健康的問題，也有身在異國的問題。」伯西奇尼說道。調查局和國務院花了多年時間與發展中國家的執法部門建立橋樑，如孟加拉、奈及利亞。那些橋梁原本能簡化蒐證過程，卻常常為了保護當權者而被犧牲。「假設你在某些非洲國家，調查與總統有關的賄賂活動，那你真的不會得到多少幫助。」一位聯邦調查局反貪腐調查小組的高級官員說。

包括司法部、聯邦調查局在內的十多位前任與現任聯邦執法官員一致表示，即使獲得證據（銀行記錄、公司內部電子郵件和文件），仍很難證明個人有行賄意圖。行賄之人顯然會試圖掩蓋事實，所以很少罪證確鑿。一位前檢察官解對此解釋：「你很少拿的到鐵證。」此外，為了證明銀行記錄或電子郵件顯示個人意圖，檢察官需要願意出庭作證的證人向陪審團陳述案情。但正如那些證據，相關證人也遠在千里之外。光是找到他們就已經夠困難了，要保證他們會配合也不太可能。「主要證人可能人在巴西，而巴西不會引渡他們的公民。如果那個人不肯來，就沒得商量了。」另一位前檢察官說：「你要怎麼從奈及利亞取得證人的證詞？」杜羅斯問道。還有個人起訴時效的問題，在賄賂發生（據稱）的五年之內。

執法官員還強調，假如證明個人意圖就如此艱難，那要證明企業高層（例如執行長或財務長）的意圖就更不可能，大企業更是如此。「一般來說，你能在合約交易的層級上確定個人的行為，但這幾乎是組織犯罪的層級，你要怎麼找到老闆？即使你懷疑他們見多識廣，也很難確定他們的意圖。」一位前聯邦調查局官員說道。

聯邦調查局和司法部的規模、資源越來越多，於是更能專注在鎖定個人，然而，他們發現自己缺乏足夠的工具，因為起訴個人需要充足的證據。「這是資源問題，」杜羅斯解釋：「如果你要起訴世界上最大的那些公司，就至少需要兩個人。」《海外反腐敗法》單位成立之初有二十四位檢察官，平均每人要處理的複雜案件超過六件。

鐵證、在陪審團面前作證的可靠證人、找得到人的被告，還有充足的資源，全部都因為比斯特朗的臥底行動而觸手可及。

竊聽監控裝置能記錄電話與面對面的談話內容，也能監視電子郵件和簡訊。嫌犯全都住在美國，或經常到美國旅行，所以逮捕和審判並不是什麼大問題。最後萬事俱備。在最高峰時，有將近十二位聯邦調查局特務和三位檢察官負責此次臥底行動，這是詐騙組有史以來規模最大的祕密監視行動之一。行動代號為「交替衝擊」（Alternate Breach）。

交替衝擊行動會決定很多事情。假如成功，表示司法部不只積極也有能力起訴個人，同時更表示司法部正在主動積極地採取行動，而非被動反應。當臥底行動展開時，布魯爾特別緊張。一位前檢察官說，布魯爾對《海外反腐敗法》單位說：「別失敗，因為我會到世界各地到處講這件事。」

◆

到拉斯維加斯參加一年一度的武器貿易展之後，二十一名軍火商高層乘坐了六輛休旅車前往沙漠完成一樁交易——比斯特朗撮合他們公司與加彭政府之間價值一千五百萬美元的軍售案。這些人包括富有的國際商人、獨立的武器經銷商，以及來自史密斯威森（Smith & Wesson）等大公司的高級經理。有些人甚至有相當高的國家聲望，像是前特勤局副局長、現為防彈衣公司「國際防護產品」（PPI）執行長的考德威爾（R.

Patrick Caldwell）。比斯特朗將會迎接他們，接著展示合約中將提供加彭總統衛隊的武器、彈藥與裝甲車等軍備，然後把他們介紹給加彭國防部長——一切照計畫行事。

當車隊沿著公路開往目的地，駕駛忽然同時轉向，然後急停下來。休旅車的車門被聯邦調查局特務拉開，他們全副武裝、拔出突擊步槍。在一片恐慌混亂之中，特務把這些人從車上拖下來、戴上手銬，隨即帶他們到一座預先建好的建築物裡進行審訊。比斯特朗繼續裝模做樣，也被戴上手銬帶走了。

在那個安全的地方，擺放了一張長桌，桌上有一排箱子。箱子上個別放了每一位被告的照片，上面寫著被告的名字、出生日期和「武裝危險份子」字樣。那天被捕的其中一個男人，記得那時看到他自己的箱子時很難受，「看到這一幕真是會崩潰」，他說因為他是個商人，不是罪犯。他接著說，同樣崩潰的是，他發現聯邦調查局特務把比斯特朗帶到另一邊。這位高層主管發現除了比斯特朗外，所有被拘捕的人都被轉移到另一處拘留所。比斯特朗走了。這個人那時才知道被出賣——比斯特朗與政府共事，這幾年都在撒謊。（同天，還有另一名被告在佛州被捕，總共是二十二人。）

幾個小時之後，當這些高層主管接受正式訊問時，得知被逮捕的原因：聯邦調查局聲稱，他們本來打算集體向加彭的國防部長行賄一百五十萬美元，以贏得一千五百萬美元的軍備銷售份額。聯邦調查局有超過一百五十次會議的六百一十五段錄音與影片記錄，以及五千多個電話通聯記錄；據稱，這些高層主管兩年內都曾討論過回扣問題。

隔天下午，司法部宣布此次逮捕行動是「司法部歷來針對違反《海外反腐敗法》的個人採取的最大行動」。考德威爾個人、史密斯威森等公司的涉案，引發了媒體的關注。布魯爾在記者會上宣布：「消滅海外企業賄賂的這場鬥爭，不會一夜就風雲變色，但這是一個轉捩點。」他諷刺道：「這件案子發生在拉斯維加斯，卻沒有停留在拉斯維加斯。」

在某種意義上，布魯爾說得對：「交替衝擊行動**在當時**是轉捩點，但與美國司法部和聯邦調查局的預期相去甚遠。」

在長達數個月的臥底行動中，比斯特朗及聯邦調查局成員之間發展的關係超越一般的線人關係。他們有一種打趣逗樂的融洽關係。比斯特朗與福爾弗親密無間。福爾弗就是說服他當臥底的特務。將近三年來，他們幾乎每天交談。（福爾弗後來表示「坦白說，我跟他說的話比我老婆還多」。）他們甚至給對方取綽號：福爾弗叫比斯特朗「閃光彈」，指的是一種能發出巨大閃光與震耳巨響的震撼彈，但除了混亂敵人之外並無其他作用。這個稱號是對比斯特朗眾多才能之一的致敬：他有辦法招搖撞騙，讓人猝不及防。

美國司法部的起訴理由是，在他們幾個小時的談話中，比斯特朗公開告知這二十二位被告須同意支付「佣金」，以贏得加彭的交易——這筆錢將與加彭國防部長共享。實際上，比斯特朗不曾用「賄款」或「回扣」等字眼，但他確實明確表示國防部長須得到「關照」。根據聯邦調查局的解釋，所有被告的記錄都是同意「關照」這位部長。這項證據原本被當作鐵證。

但在審判時，這種簡潔的論點失敗了。前執法官員認為，當時法官利昂（Richard Leon）在聽證會開始前的初步裁決，就注定讓司法部無法勝訴。司法部的檢察官原本打算提交證據，據稱能表明許多被告先前有參與賄賂計畫。這就是所謂的先前不良行為（prior bad acts）證據，目的是證明被告清楚賄賂如何運作，也清楚如何安排賄賂交易——也就是比斯特朗說他們須「關照」國防部長的那個意思。然而法官利昂裁定，此案的先前不良行為證據不可採信。「我們贏不了。」佩勒提下了結論。

審判過程中出現更多麻煩。比斯特朗被視為完美的證人。他正好處於賄賂計畫的中心，也持續看著計畫發展，能向陪審團解釋清楚。但他在證人席上承認自己以前吸食古柯鹼，以及他自己的嫖妓嗜好之後，辯方一再懷疑他不是可靠證人。「他是騙子，這傢伙居然開始相信他，」一位辯護律師指著福爾弗，在結案陳詞中指控道。辯方還利用比斯特朗與聯邦調查局的友好關係，引用他們之間傳過數百條有關性愛、女性與足球的訊息。辯方表示，此次臥底行動其實是比斯特朗的自吹自擂，他並沒有認真看待這件事，況且為了減刑，他就算要陷害無辜的人也會不擇手段。

審判時最大的絆腳石也許是語義上的障礙：事實上，比斯特朗不曾在錄音時提及「賄款」或「回扣」等字眼，也沒有其他被告說過。比斯特朗和前檢察官堅稱，在實際的賄賂計畫中，沒有人會說這種字詞，參與者通常會用無傷大雅的詞語作為代號。「毒販不會坐在那裡說『我從哥倫比亞進口七公斤古柯鹼』，他們會說『女孩們到了』。」二〇一四年以前擔任《海外反腐敗法》單位副組長的庫基斯解釋道。「賄賂與此大同小異。」首席聯邦檢察官帕金斯（Laura Perkins）也很難讓陪審團相信這種細微差別。結果，祕密錄音連續播放了數小時，陪審團卻認為這與賄賂無關，根本不是什麼鐵證。

最後，有三名被告在審判前認罪並被判刑，其餘十九人則面臨控訴。總共開庭四次。第一次涉及四名被告，結果陪審團無法做成有效判決（hung jury）。第二次審判宣判兩名被告無罪（包括考德威爾）而陪審團也無法對另外三名做成有效判決。第三次審判在二〇一二年初開始，司法部有不少人認為鑒於利昂法官的判例，他們不可能勝訴。

二〇一二年二月，布魯爾宣布司法部將要撤銷這些案件。「我認為經過兩次後，我們的資源需要轉移到其他地方，」他解釋：「我不認為第三次結果會有不同。」

政府將撤銷指控的決定，引來利昂法官的嚴厲譴責。他說檢方「有極其激進的陰謀論，將原本寬厚的彈性推到外部極限。」利昂還預先告訴法庭：「這彷彿是一場漫長、可悲的白領刑事執法的篇章結局。」許多人認為這次臥底行動是一場災難，包括一些律師、前美國官員和企業遊說人士。他們認為《海外反腐敗法》的起訴政策含糊不清，最大缺點就是太過激進。小布希總統的前司法部長岡薩雷斯（Alberto Gonzales）在華盛頓對聽眾說：「敗訴不常見，但也不罕見。事實上，政府放棄這些案件如此徹底，突顯了政府極其失敗。」

大約在同一時間，司法部一個重要的《海外反腐敗法》審判也在洛杉磯宣告敗訴。三名被指控賄賂的被告，順利地以檢方失職為由推翻定罪。處理該案件的法官帶有偏見地將政府的起訴書駁回。

◆

臥底行動潰敗之後，債券大廈的十一樓蒙上陰影。在布魯爾的指導下，《海外反腐敗法》的案件受到更嚴謹的內部監督與審查。他把官僚作風帶入許多層級，所採取的措施似乎在扼殺檢察官的羽翼。他對眾人呼籲，要經常開會討論案件的進展。檢察官們的決定於是面臨了更多監管機關的質疑。他們的努力被不斷猜疑，缺乏支持。正如前司法部高級官員所述：「你在那種工作環境根本待不下去。有十八層毫無附加價值的審查，好讓有些人可以嚷嚷『你沒有告訴我那件事。我手上有會議記錄』。」

布魯爾出生於紐約皇后區，加入司法部之前已經有傑出的法律職涯了。他最初是曼哈頓的地方檢察官，後來在私人執業和公共服務之間打轉幾十年，主要以最負盛名的華盛頓科文頓・柏靈律師事務所（Covington & Burling）為基地。他在那裡工作近十年之後，一九九七年被任命為柯林頓總統的特別顧問，在彈劾案期間為他辯護。他回到私人執業後，一直到二〇〇九年，歐巴馬總統才任命他負責刑事司。

布魯爾由於大大擴展司法部《海外反腐敗法》的調查範圍，因此廣受讚譽。在他任職期間，許多企業的決議產生了空前的巨額罰款，有助於美國與歐洲重大的商業文化改革。

然而，布魯爾仍然是個有爭議的人物，他留下來的白領犯罪罰款受到公眾和他前同事的質疑。在某些前司法官員的印象中，布魯爾受到司法部被委任之後，行事過度謹慎，只專注提升自己的資歷，而不是處理棘手案件。外界認為他過於關注媒體如何描述《海外反腐敗法》的調查，以及這些事對他聲譽的影響。「布魯爾非常關心《紐約時報》的報導，就是這樣。」一位前檢察官說道。雖然比斯特朗臥底行動在他加入司法部時就已經開始了，但他本人承擔了失敗責任，還有人說他後來建置的官僚措施，只是為了保護自己免受負面新聞影響的另一種努力。「如果我們注定敗訴，那為何還要這樣做？」一位前司法部高級官員描述，這是一種新的官方心態，接著補充：

「意思是：布魯爾不能丟臉。而我會說：我不為布魯爾做事。我為美國司法部做事。布魯爾表現得好不好，對我完全沒有影響。」

一些聯邦調查局官員也認為司法部變得太過消極。因此聯邦調查局的《海外反腐敗法》調查小組內部開始醞釀出不滿。一位官員回憶道：「他們在《海外反腐敗法》案件中非常謹慎。我的某些夥伴說：『我們為什麼要處理這些案件？沒有人會進監獄。』他們不清楚動機是什麼——根本不相信有純潔之心。」調查局內部的《海外反腐敗法》調查小組本身希望繼續採取積極主動的做法，但司法部希望他們受到保守的約束。司法部似乎不太願意對企業高層個人提出指控，反而退回到解決企業定罪的問題。聯邦調查局的組員描述自己的態度：「如果我們能讓企業被定罪，那何必白費力氣？難道真的只為了把事情搞砸，再試著花兩年的時間證明副總統也知情嗎？」

也許對布魯爾最嚴厲的批評，就在美國公共電視台（PBS）的記錄片《前線》（*Frontline*）。司法部在華爾街系統性失敗的狀況下，他被塑造成一個主要反派角色「百毒不侵的聖人」（The Untouchables）。他在節目中接受採訪的片段被各界批評，認為他花太多時間解釋司法部為何**不應該**對個人採取行動，而不是為何**應該**行動。布魯爾在節目播出後不久就辭職了，但他公開表示離職與節目無關。

布魯爾在近期接受採訪時，表示《海外反腐敗法》在他的領導下，發起了一場空前的積極運動，對行賄的企業高層做出指控。他說：「我們起訴的人比以前更多。」接著又說部門這四年的工作量「有點嚇人」。當他被問及，為何在整個行業範圍都在打擊製藥業賄賂之時，卻從來沒有任何企業高層被指控？布魯爾不予置評，理由是有些製藥公司是科文頓・柏靈律師事務所的客戶。而當他被問及，司法部內部是否也擔心製藥業的海外賄賂可能會影響外國的病患時，布魯爾再次拒絕評論。

總而言之，他堅稱《海外反腐敗法》訴訟的提起向來是基於現有證據，其他的都無關緊要。「如果你在合理懷疑範圍內確信某人犯罪，而且你認為我們能證明在合理懷疑範圍內的要素，那我們就會起訴。如果你認為我們做不到，我們就不會起訴。」討論結束時，布魯爾表示有無數理由能支持為何不能指控個人，他特別強調其中一個——這種決定應該要嚴肅看待：「在我看來，或許大家永遠不會意識到，提起刑事訴訟可能是政府對個人做出最重大的決定。因此，我覺得在道德和道義上，有義務慎重行事。」

許多前檢察官認同布魯爾的說法，且認為他實際上沒有迴避起訴個人。「我不認為這表示布魯爾放棄了，或是他面對犯罪時很軟弱，」杜羅斯說：「如果布魯爾能有理由去教訓那些華爾街銀行家，他一定會這麼做。」杜羅斯重申，將個人起訴比公眾所想的困難很多。

仔細看一下數字，就會發現司法部起訴個人的記錄顯然有成有敗，但把這歸咎給布魯爾是不對的。統計分析顯示，在二〇〇〇至二〇〇九年之間，也就是在布魯爾上任之前，司法部依據《海外反腐敗法》對四十八人提起刑事指控。從二〇〇九到二〇一三年，即布魯爾負責的那幾年，司法部起訴了六十一人。光在二〇〇九年就有四十二人遭到起訴，包括加彭臥底行動的二十二人。但考慮到《海外反腐敗法》的調查往往需要長時間才能完成，布魯爾應該對比斯特朗臥底行動沒有直接責任。在他實際任職期間，有十九人遭到指控，其中有九人與大規模的西門子案有關，這也是在他之前發生的另一件事。這樣看來，布魯爾的《海外反腐敗法》單位在三年內只起訴十人——每年約三人。他離職後，個人起訴的數量似乎有所增加，二〇一三至二〇一六年間有三十八件訴訟案，其中一些當然是他協助發起的。不過，如果只把焦點放布魯爾任期內的個人起訴數量，那就會忽略更重要的事。

南伊利諾州立大學的法學副教授克勒（Mike Koehler）直言批評美國對執行《海外反腐敗法》投入的努力。他寫道：「自二〇〇六年以來，司法部的企業執法行動中有百分之七十七沒有（或尚未）對企業員工提起與司法部《海外反腐敗法》相關的指控。」美國證交會的執法記錄也是如此。克勒發現證交會在二〇〇八至二〇一四年間所做的六十八次執法行動中，有百分之八十二對企業員工什麼都沒做。他的分析強調了一項事實：儘管公眾可以對布魯爾任期的個人起訴數量吹毛求疵，但大多數與《海外反腐敗法》相關的刑事調查以及美國證交會提起的民事訴訟，都是在沒有任何企業高層被起訴的狀況下了事。

◆

鑒於這些結果，曾在中國行賄的輝瑞、禮來、必治妥施貴寶、葛蘭素史克、阿斯利康、諾華和賽生等大型製藥公司的員工，也沒有任何一個被追究罪責，豪不意外。美國司法部起初對其中大多數案件展開了調查，最後卻拒絕對任一案件提起訴訟，原因不明。到了二〇一六年底，美國司法部公開說明不願就特定案件提起訴訟的原因。庫克尼斯（James Koukious）解釋，如果是外國的子公司（母公司在美國）行賄，而沒有直接證據表明跟母公司有關，那司法部就沒有司法權。但美國證交會可以起訴母公司違反《海外反腐敗法》的帳簿與記錄規定——也就是未能監督其外國子公司——並對製藥母公司提起民事訴訟。

《聯邦證據規則》下，起訴企業比起訴個人容易得多。在起訴個人的情況下，檢察官受到證據質量的限制，而法官可以依據各種理由裁定證據不可採信（如加彭臥底行動的情況）。但若追究企業對其員工行為的刑事責任，法律標準要低得多。企業案件的證據規則也更有利於起訴。如果有五個「個人」由於賄賂被調查，且針對他們任一個的證據都不是特別充分，那麼這些對他們的指控可以合併，則該企業將承擔替代責任。在聽證會上，陪審團聽到一家公司有五名員工被控合謀行賄，他們很可能就會認為有犯罪，並將之定罪。（事實上，大多數公司都是在庭外解決《海外反腐敗法》控訴，而不是冒險進入法庭。）

美國目前對企業賄賂的起訴政策，是向企業傳達訊息，告訴他們如果可能的話，他們會被追究刑事責任，所以最好不要冒著風險，在最終可能敗訴的案件上浪費資源。同樣的資源可以更有效地運用在達成企業和解的更安全策略。

這種思維在司法部內部引起關注，以至於在二〇一五年九月，司法部領導階層認為有必要發布一個奇特的備忘錄。當時美國司法部副部長的耶茨（Sally Yates）撰寫了〈企業不當行為的個人責任〉（Individual Accountability for Corporate Wrongdoing），內容不僅針對《海外反腐敗法》案件，還涉及更廣泛的企業案件，指出：「打擊企業不當行為最有效的一種方法，就是追究犯下不當行為的個人責任。」這充分說明美國司法部認為有必要發布一個「全新」的政策指導方針，以強調這般基本的正義原則。耶茨二〇一六年五月十日在紐約市律師公會白領學會（White Collar Institute）發表演講，闡明該政策的內容：「對於企業高層，我們不可能有與其他人不同的司法制度，或不同的司法制度理解。」但她接著說：「這些案件確實面臨了一系列的特殊挑戰，可能會妨礙我們查明責任方並將其繩之以法。在龐大的企業結構中，要分辨誰做了什麼事並不容易——還要判斷他們是否有必要的犯罪知識與意圖。」

耶茨解釋說，儘管面臨這些挑戰，司法部仍發布了有關個人責任的新規定：司法部律師「不得免除個人的民事或刑事責任，除非情況極為特殊」，現在如果要免除還得先得到批准。如果企業期望與司法部合作而有功（減少處罰和罰款），就必須提供相關職員不當行為的有用資訊。（耶茨補充說，多年來，這其實一直是聯邦起訴企業的原則。她不帶諷刺意味，暗示司法部現正積極執行這項原則。）在試驗性的新計畫之下，如果企業確實提供有用資訊，司法部還能根據聯邦量刑準則，酌情將罰金減少至多百分之五十。

正如耶茨所述，以前企業未能提供個人不當行為的相關資訊時，司法部的檢察官並未對企業施加壓力，反而總是給予肯定。透過個人問責的計畫，她似乎對公眾做出保證，司法部經過一番漫長而艱苦的努力之後，終於要有成果了。

◆

二〇一五年，美國司法部的《海外反腐敗法》單位再度利用一名戴著竊聽器的臥底，將一位行賄的企業高層起訴：小型私營石油服務公司「石油虎」（PetroTiger）的執行長。不過當被告選擇抗辯時，審判結果又一次打擊司法部。這名臥底其實是石油虎公司的前法律總顧問，他在證人席提供無效的證詞，此案因而敗訴。司法部匆匆與被起訴的企業高層談判達成協議，後者承認一項共謀違反《海外反腐敗法》的指控；他沒有服刑，而是緩刑三年，並罰款十萬美元。

二〇一五年，司法部在債券大廈的十一樓另外雇用了至少十位檢察官，因此總共有超過三十位檢察官。同時，聯邦調查局在華盛頓、洛杉磯和紐約成立三個國際《海外反腐敗法》的專門調查小組。克勒指出，打從耶茨公布備忘錄以來，美國司法部的和解協議中，最終導致個人起訴的百分比（二〇一六年為零，二〇一七年為百分之三十三）實際上低於二〇〇四年以來的低標——因為那時幾乎沒有落實《海外反腐敗法》。當然，趨勢本身並非美國司法部行動與政策的可靠指標。目前司法部可能正在調查一個針對個人的《海外反腐敗法》大型案件，調查完成後才會對外公開。唯有時間能證明一切。

第四章

亡羊補牢

Redress

從回扣到回饋

企業與政府的新標準

哥斯大黎加
法國
美國
加拿大
哈薩克
英國
伊拉克
墨西哥
中國
葉門
奈及利亞
以色列
巴西

英國石油
埃克森美孚
阿爾卡特—朗訊
維多石油公司
雪弗蘭
沃爾瑪
西門子
生邁
輝瑞
哈伯里頓
巴西石油

10

從回扣到回饋

GIVEBACKS

賄賂帶來的利潤，往往大過起訴與罰款的風險，因此似乎注定會發生。但在難以將損害量化的狀況下，受到社會損害的國家是否能得到補償？

二〇〇四年，哥斯大黎加檢察官阿爾瓦拉多（Gilberth Calderón Alvarado）提出一項法律動議，這在該國的司法體制或世界任何地方都是前所未見的。阿爾瓦拉多認為，法國電信巨頭阿爾卡特—朗訊（Alcatel-Lucent）為贏得國家合約而行賄數百萬美元，在哥斯大黎加造成廣泛的「社會危害」，因此該國有權獲得賠償。阿爾瓦拉多的主張，為賄賂案的解決提出了新理論：阿爾卡特—朗訊公司的罪行應當受懲罰，不僅是因為賄賂行為本質上違法且悖德，也因為行賄的**後果**對社會有害。

阿爾瓦拉多當時是公共道德辦公室（Office of Public Ethics）的主任，在另一件創記錄的賄賂醜聞之後提出了這項動議。包括美國司法部在內的多個國際執法機構，指控阿爾卡特—朗訊公司在孟加拉、肯亞、奈及利亞和宏都拉斯等國利用賄賂贏得合約。阿爾卡特—朗訊涉嫌在哥斯大黎加被的賄賂特別嚴重：為了贏得超過四億一千九百萬美元的合約，行賄一千八百萬美元。公司經理支付回扣給許多政府高官，其中包括哥斯大黎加國營電信公司幾乎一半的董事會成員，以及至少一位國會議員；據說還曾經收買哥斯大黎加的兩位總統，他們在任期間都收過一百萬美元左右的賄款。（二〇一一年，哥斯大黎加的法院判處在一九九八至二〇〇二年擔任總統的羅德里奎〔Miguel Ángel

Rodríguez）五年監禁，罪名是收賄。）這起醜聞仍在哥斯大黎加的法庭上演，攪亂了該國的政治格局。

二〇一一年，阿爾卡特—朗訊公司承認了賄賂的指控，並支付一億三千七百萬美元的罰款。然而，這筆罰款付給了美國財政部，而不是付給阿爾卡特—朗訊公司實際行賄的國家。阿爾瓦拉多希望改變這種狀況。雖然用於支持他目標的法律理論很複雜，正如隨後發生的事件，但研究哥斯大黎加會如何利用現有法律來強調賄賂的廣泛影響，值得一試。

根據哥斯大黎加的刑事訴訟法，當刑事犯罪影響「集體利益」時，司法院長辦公室有權提起民事訴訟，要求損害賠償。阿爾瓦拉多在他的聲明中，援引哥斯大黎加憲法法院頒布的定義，無論其他事項，「集體利益」指哥斯大黎加公民有充分權力進行財政公共管理。企業的賄賂直接損害了這些權利。

阿爾瓦拉多認為，阿爾卡特—朗訊的賄款不僅造成國庫損失，也損害國家的聲譽——哥斯大黎加在國際媒體上，屢次被貼上腐敗國家的標籤。還有一些附帶的經濟損失，因為投資者可能開始質疑哥斯大黎加市場的公平性。或許最新穎的觀點是，阿爾瓦拉多認為阿爾卡特—朗訊的賄賂行為可能會產生直接的政治後果：醜聞發生後，人民對政客與政黨失去信心，讓很多選民決定放棄哥斯大黎加二〇〇六年大選的投票權，因此可能會影響選舉結果。最後阿爾瓦拉多嘗試量化此事的不良影響，聘請了一位顧問。他的調查方法有一部份仰賴公眾對政治制度的信心；他列出哥斯大黎加一共損失了三千四百五十萬美元。再加上阿爾卡特—朗訊公司支付近一千八百萬美元的回扣，阿爾瓦拉多於是提出索賠，要求五千兩百萬美元的社會損失賠償。

但阿爾瓦拉多的案件從沒上過法庭。許多觀察家認為，在各方面都很難進行辯護，尤其是證明阿爾卡特—朗訊的賄款最後導致了多少經濟損失與政治損害。司法院院長辦公室此前只提過一次這類訴訟，當時起訴一家醫療設備公司賄賂國家社會安全局官員，要求八千九百萬美元的社會損害賠償。法院在那起案件上接受了索賠，但只判六十萬美元的賠償金，目前正在上訴。當阿爾瓦拉多接受阿爾卡特—朗訊提出的庭外和解，他同意了，但要求的金額創下新記錄。由於司法院院長辦公室放棄要求社會損害賠償金，阿爾卡特—朗訊公司同意支付一千萬美元，作為二〇一〇年一月簽署正式和解協議的一部份。美國司法部指出：「這次和解在哥斯大黎加歷史上，第一次有外國企業同意為貪汙支付政府賠償金。」隨後，這一千萬美元的部份款項撥給哥斯大黎加反貪腐警察的預算[1]。

哥倫比亞律師暨國際透明組織的前成員奧拉亞（Juanita Olaya）就哥斯大黎加案寫了大量文章。她認為，以哥斯大黎加為例，其他國家應當探討社會損害的概念，即便沒有明顯的國家法律依據。奧拉亞認為，這類訴訟案更能確保賄賂的總體影響得到解決。但就目前而言，美國起訴外國賄賂的判例並不承認這種影響。「美國證交會對企業所做的制裁，完全由美國證交會收走，然後保留在美國，但完全忽略了賄賂實際發生國家的實際損害。這樣做的結果，就是讓賄賂不會沒有任何後果。」她認為，正如哥斯大黎加的主張，要求社會損害賠償有著重要的象徵意義，因為能將企業賄賂對社會、人民和集體利益造成的損害公諸於世。奧拉亞表示，辨認社會危害就相當於承認：「瞧，有個漏洞。這裡有個坑是賄賂造成的，我們得再填補它。」

1 哥斯大黎加政府二〇一五年與阿爾卡特—朗訊達成另一項和解協議。縮寫為「ＩＣＥ」的一家國營電信公司，要求數百萬美元的商業損失賠償，因為阿爾卡特—朗訊用賄賂贏得合約之後，ＩＣＥ稱其未能兌現所承諾的四十條個行動電話線路。阿爾卡特—朗訊於是又向ＩＣＥ支付賠償金一千萬美元。

近年來，有少數國家順利從企業那裡獲得賠償，不過他們和解協議幾乎沒有公開，或是進行祕密談判。在奈及利亞，政府委派的律師已與殼牌石油、哈里伯頓、西門子等其他幾家公司達成和解，共收取一億八千萬美元，所有款項都已支付給奈及利亞政府。率領奈及利亞達成庭外和解的阿布加律師奧比亞（Godwin Obla）將這個過程描述為「合法勒索」，因為奈及利亞的法律實際上尚未更新，並沒有相對應的解決方案。「我們透過法律程序迫使他們達成和解，但如果你審視法規……會發現我們的法律架構其實無法支持。」奧比亞說道，強調許多國家在達成和解時面臨的法律挑戰。

令人驚訝的是，還有其他國家不曾試圖要求社會損害賠償。尤其因為在過去二十年間，世界上許多頂尖經濟學家發展出一門完整的科學，證實賄賂會直接損害一個國家之發展與運作狀況。

一九九〇年代，世界銀行的經濟學家——智利的考夫曼（Daniel Kaufmann）著手證明貪汙是可以量化的。為此，他與同事開創出一種方法，將兩個資料結合在一起，首先是一百五十多個國家的原始經濟數據（記錄某國幾十年來的經濟成長、貧富差距、平均壽命等），再者是公眾對自身國內貪腐現象（包含外國企業賄賂）的認知調查。考夫曼對全球數千家企業進行調查，直接詢問企業的經理們，是否有同業正在行賄？如此得到的資料取決於經理們的洞察力，因此容易出錯，但基於這些人高度知情、也相對坦承，因此是經濟學家所能掌握賄賂相關活動的最佳衡量標準。

考夫曼的研究結果揭示驚人的模式：一個國家對貪腐行為的認知程度越高（包括企業賄賂的普遍程度），則這個國家的經濟成長、衛生水準、教育程度和收入公平性就越低。反之，貪腐認知程度較低（包含等級較低的賄賂行為）的國家，則更健全，管理系統的水準更高，經濟的運作狀況也更好。自那時起，經濟學家和社會科學家將這種調查方法應用在大約兩百個國家的數據資料庫，並針對賄賂的影響進行了數十項研究。

他們發現，企業賄賂會破壞健全的治理系統——例如，賄賂會影響官員分配公共資金的方式。有一項開拓性的研究，涉及了一百多個國家，發現在企業支付較多賄款的國家裡，政府官員在教育方面的支出占整體國內生產毛額的比例較低。這些官員可能會因為收了回扣，所以把公共資金用於電信等專案，而非建設學校。當賄賂導致教育支出減少（國家能透過「人力投資」來提高潛力），就會降低成就水準，從而阻礙經濟發展，加大貧富差距。換句話說，**賄賂**會削弱國家減少貧困的能力，從而加劇貧窮。一項類似的研究發現，在賄賂金額越高的國家，政府對現有基礎設施的維護支出就越少。當道路破裂、橋樑搖搖欲墜之時，經濟成長的速度、服務提供以及政府的運作都會受到阻礙。

這些有關貪汙的研究，有時提出的問題多過於答案。例如，貪汙是否與經濟成長完全為負相關？經濟學家意見不一。儘管東亞許多國家的貪汙程度相對高，但實際上卻有過異乎尋常的成長。正如經合組織的一項研究強調，高度相關並不能證明有直接的因果關係。但大多數專家認為，這種緊密關聯確實是貪汙代價的證據。如今，大數據支持伯格因與潘恩的直覺觀點。

當然，這不表示有辦法輕易評估賄賂造成的附帶損害。公民對政治領導或國家制度本身的信心喪失又要如何量化？正如阿爾卡特—朗訊案件所顯示的，賄賂醜聞侵蝕了公眾的信心，占據司法機構，甚至在醜聞曝光的十年後還持續占用警察機關的有限資源。這個國家損失了多少美元？而在美元之外，它在政治與社會資本方面又損失了多少？當一家加拿大企業涉嫌行賄，欲掌控利潤豐厚的天然氣田，然後意外將它炸毀，迫使附近的農村疏散（這其實是孟加拉的真實故事），那麼這件事會對村莊的健康、環境和生活品質帶來何種影響？法院該如何探討因果關係、責任以及適當的賠償？該如何鑑別受害者的身份？

世界各地的法院都在探討如此難題。正如奧拉亞所寫：「對於無形、精神損害的衡量經驗並不是新鮮事。不同司法管轄區的法院已經為這一點設立標準，因為他們知道某些類型的損失很難用金錢衡量，整體賠償難以計算，或者損失根本無法回復。同樣的原則、技術和標準也適用於社會損害的賠償。」

事實上，美國法院已經具有評估社會損害、識別受害者與設計賠償機制上的經驗。「修復式正義」（Restorative justice）是一九七〇年代出現的法學理論，其理論基礎是「犯罪不僅違法，而且會對受害者與社區造成傷害」的概念。修復式正義的目標不只是預防和懲治犯罪，還在於重建社會創傷。斯伯丁教授在這個領域有一些創新的觀點。與奧拉亞的說法呼應，他認為美國法學已具備了使這種方法可行的手段。「讓犯罪者、受害者以及整個社區參與判決過程，」他寫道，「修復式正義不只懲罰違法亂紀者，還補救了犯罪所造成的傷害，防止未來的傷害，並使被告重新融入所侵犯的社區。」

斯伯丁指出，司法部其實將修復式正義的概念應用在違反環境法學[2]的白領刑事案件已有二十多年了。在這些案例中，企業的行為者不但因違法而受罰，還必須對所傷害的社區支付賠償。二〇〇九年，一家天然氣公司因在羅德島非法儲存汞而被判處罰款六百萬美元，且需另外支付一千兩百萬美元給當地社區的各種整治行動，以期環境修復。二〇一三年，沃爾瑪承認六項違反「清潔空氣法」的罪名後，收到四千萬美元的罰單，且需另外為不同社區服務專案支付兩千萬美元賠償。儘管這些和解協議意義重大，但與英國石油（BP）在墨西哥灣災難性漏油事件的和解協議相比，顯得遜色多了。在法院判處近四十億美元的刑事罰款中，指定其中二十多億美元是專門用重建受災社區。斯伯丁認為這種機制能輕易移植到企業賄賂和解上，法律學者和前檢察官已經在探索這種方法。他解釋：「我們真正希望司法部做的事，是讓反賄賂執法專員走到安全與環境執法局（BSEE）的同事面前說：『嘿，告訴我們該怎麼做。』而環境律師會說：『嗯，你們知道嗎？做起來很簡單，不會引起爭議。根據現行法律，這是完全合法的做法。』」

在賄賂和解的社會損害評估這個新領域，法院該如何發展仍有待觀察。也許各國可以仿效哥斯大黎加的做法，聘請顧問評估每一種情況造成的具體經濟損失。未來關於貪汙經濟學的研究，也可能會提供更可靠的數據。同時，就算無法確定個別受害者與直接損害，則還有其他解決辦法。斯伯丁指出，美國聯邦量刑準則考量到一項事實，就是受害者常常不容易辨別。在這種情況下，法院可以強制執行「要求社區服務的緩刑令」，目的是「修復造成的損害」。舉例來說，在英國石油案中，該公司支付賠款給致力於清理、保護受到漏油污染濕地的組織，而不是給特定的受害者，這就是旨在修復社區的象徵性措施。

需要修復的社區位於另一個國家時，完善應用「修復式正義」相當困難，但美國司法部已有過這方面的經驗，即便尚不足夠。舉一個廣為人知的例子，二〇〇三年，美國知名商人吉芬（James Giffen）涉嫌代表埃克森美孚等大型石油公司，給哈薩克總統八千四百萬美元賄款，遭司法部查獲[3]。二〇〇七年，司法部與世界銀行官員、民間

2 編注：環境法學（environmental law）是環境科學和法學間的交叉學科，專門對環境法律及其發展規律進行研究。

3 埃克森美孚和其他公司否認吉芬代表他們行事。吉芬不曾被判受賄罪，但他倒是承認了一項逃稅罪。

社會組織以及瑞士、哈薩克的政府官員磋商，欲成立博塔基金會（BOTA）；如基金會的前董事寫道：「這是世界上第一個利用追回賄款的基金會，造福貪汙受害者——窮人。」二〇〇八年，博塔基金會在哈薩克成立，為弱勢兒童與母親執行許多教育和社會服務方案。一家美國的非營利組織獲選經營博塔基金會，以確保資金的合理運用。博塔基金會每年的財務狀況由國際會計師事務所審計，並由世界銀行審核。在五年半的時間裡，博塔基金會大約為二十萬人提供服務。

在伊拉克的「以油換糧」醜聞之後，如司法部的新聞稿所述，司法部提供部份和解費「作為伊拉克人民利益的補償」。根據與司法部和證交會達成的和解協議，雪弗蘭同意支付兩千萬美元給伊拉克發展基金。該基金由聯合國管理，以協助伊拉克重建。美國法院還下令懷亞特公司的子公司共同支付兩千五百萬美元給伊拉克發展基金，而瑞士石油公司維多（Virol）也受命支付一千三百萬美元。其他司法管轄區，特別是英國，已開始執行類似的協議。二〇〇九年，英國法院要求梅比公司（Mabey）支付賠償給該公司涉嫌行賄的國家，賠償包括迦納的六十五萬八千英鎊、牙買加的十三萬九千英鎊，以及伊拉克的六十一萬八千英鎊。

不過，這些例子仍然是規則的例外。根據統計資料，自二〇〇六年以來，美國已經收取超過一百一十億美元的賄賂相關罰款。這筆資金中，用於各種賠償形式的只有一億四千兩百萬美元（針對伊拉克和哈薩克）——只略高於百分之一點二九。此外，這些協議訂於二〇〇七年，此後並就沒有類似的賠償，而與賄賂相關的罰款仍由美國財政部持有。世界銀行的研究指出：「在大多數和解協議中，官員涉嫌收賄的那些國家沒有參與和解協議，也找不到補償的任何途徑。」直接受到賄賂傷害的那些國家，特別是它們的公民，不但沒有收到罰款，就連在庭外和解也沒有發言權。他們遭受的損失甚至沒有被承認。

美國政府不把更多賄賂資金送回那些國家或許情有可原，尤其是因為這樣做會讓錢重新回到貪腐的政府手上，而最初索賄、收賄的正是這些人。這當然是個合理問題，但事實已經證明一切，特別是哈薩克的博塔基金會的例子，他們訂出規定，透過社區直接參與與外部監測，確保賠款受到安全、透明和有效的管理。

◆

先不談「修復式正義」是不是解決賄賂問題的最佳途徑，先想想看要求違規企業為這類措施提供資金，是否能有效遏止賄賂呢？若更仔細研究這類庭外和解的罰款，聚焦在罰款對企業及其行為的影響，或許能帶來啟發性。

二〇〇九年，華盛頓大學的經濟學家卡波夫（Jonathan Karpoff）開始仔細分析《海外反腐敗法》罰款，以評估反賄賂的威懾效果。自那時起，他和同事運用一九七八至二〇一三年發生的一百四十三起實際賄賂和解案數據，進行多項重要的研究。他們的證據顯示，行賄者很少被拘捕，而且行賄的罰金太低。事實上，企業雖然會被抓、且不得不支付看似超額的罰款，但行賄為公司帶來的利益還是相當值得。

當然，根本不可能確定全球到底有多少家公司在行賄。大多數執法官員和觀察家認為，已發現的案件只占實際發生的一小部份。卡波夫的工作運用統計模型，提供了支持這一觀點的證據。他抽樣調查六千八百五十七家有海外業務的企業，包括ＩＢＭ和通用電氣等公司，估計大約有百分之二十三的企業可能在有海外賄賂行為。但在這些一千五百六十七家行賄的公司中，其實只有一百家被起訴。換言之，弊案被發的機率只有百分之六點四。卡波夫計算「賄賂」價值的方法，是將這種極低的可能性納入考量。把賄賂當作投資也很有吸引力，因為企業知道付罰款的機率微乎其微。

即使把賄賂事發後的罰金計算在內，卡波夫估計，企業每行賄一美元，就能獲得五點六美元的收益。美國司法部則算出企業每行賄一美元，就能獲得十美元的收益，而另一項研究估計企業每行賄一美元，就能獲得十一美元的收益。（後者未將行賄公司可能招致的罰款與其他費用列入計算。）

卡波夫的研究也表明，賄賂是值得承擔的風險，因為賄賂不僅會帶來營收或利潤，還能增加企業的總市值——也就是公司發行的流通股總數乘以股價。當企業公開宣布贏得新合約時（實際上用賄賂談成），其市值平均增長百分之三點一五。卡波夫透過追蹤企業在支付回扣後（未來會被發現）的市占率增長，得出了這個結果。哪怕企業不得不支付罰金（包括交出賄賂帶來的獲利），又哪怕企業承擔和解相關的內部調查成本與監控費用——卡波夫發現賄賂活動的價值，平均相當於企業市值的百分之零點四。

舉個例子：二〇〇一至二〇〇六年間，阿爾卡特—朗訊的賄賂活動為公司帶來至少四千五百萬美元的利潤。公司遭起訴後，罰款一億三千七百萬美元。由於罰款包括公司從回扣得到的四千五百萬美元，所以公司實際上的罰款是九千兩百萬美元。這個金額當然不小，但大小是相對的，相對關係對威懾性很重要。阿爾卡特—朗訊當時的市值約為五十億美元。換句話說，罰款不到公司市值的百分之二，而且這個數字其實比大多數案件還要高。根據卡波夫的整體估計，司法部對美國賄賂和解施加的平均總罰款（不包括內部調查與監督費用）相當於企業的百分之一點零六。即使在西門子創記錄的刑事和解中——給美國與德國當局十八億美元——賄賂帶來的利潤也抵消了將近十億美元的罰款。因此司法部實際的罰款為八億美元，不到西門子當時約一千億美元市值的百分之一。

卡波夫的研究還得出一項結論，即賄賂的企業幾乎沒有名譽風險。宣告和解之後，這些企業的市值可能會下降，原因卻不是投資者對賄賂的反應。更確切地說，卡波夫發現只有當賄賂指控包括金融欺詐或某種形式的金融操縱時，投資者才會失去信心。這項證據駁斥了《海外反腐敗法》批評者經常提出的觀點，即企業若接受賄賂調查、起訴就將面臨巨大的名譽損失。換句話說，與賄賂相關的名譽損失微乎其微，以至於根本沒有威懾作用。

有些佐證，卡波夫的研究得出結論，即司法部與證交會對於案件的「預期罰款不足，無法抵消企業行賄的經濟動機」。卡波夫解釋：「為了有效遏制賄賂，被逮的機率乘上罰金，至少要相當於賄賂所帶來的利益，所以為了更有威懾作用，罰款金額必須提高。」他推測，為了抵消賄賂合約帶來的平均價值，其實需要查明、起訴更多從事賄賂的企業。為了提升罰款的影響力，必須要提高百分之五十二點八。然而，考慮到被起訴的企業少之又少，因此罰款必須大得多才能有同等威懾作用。

卡波夫建議，如果被逮捕的機率不變，司法部與證交會必須將罰款提高八點三倍，才能抵消一家公司從賄賂得到的利益。換言之，為了使《海外反腐敗法》有威懾效果，司法部得做出平均相當於一家公司市值百分之三十八點五的罰款。以阿爾卡特—朗訊案為例，罰款應為十九億兩千萬美元。

當然，這是一項建立在穩定分析基礎上的學術研究結論。但這項研究確實提供經驗支持，證明《海外反腐敗法》的罰款仍不足以阻止犯罪（無論先前記錄再高）。正如德克薩斯大學的法學教授所寫：「對海外貪汙活動的罰款，只占那些利潤豐厚的合約的一小部份潛在收入……若加上查明的低可能性，這些制裁措施遠遠無法阻止非法活動。」經合組織最近的研究呼籲了一項事實，全球各地的罰款都無法阻止賄賂行為。經合組織的秘書長古里亞（Ángel Gurría）最近在反賄賂會議上發言：「制裁有時如此之輕，縱使那些人被抓住的機率是百分之百，他們依然會選擇支付罰款，繼續利用賄賂來獲益。」賄賂不但成為了企業在海外做生意的標準程序，繳納《海外反腐敗法》罰款也納入其業務成本的一部份——其實是一種公司能夠負擔的稅。

理想的情況是，有更多負責賄賂的企業高層面臨刑事指控，而《海外反腐敗法》的罰款會大幅提高，構成財務負擔，使企業避免賄賂。由於這些措施不太可能在短期內完成，因此最現實的方式，就是讓罰款更重、提高懲罰力度，讓司法部將他們的不法所得返還企業行賄國家的公民。這是一種將回扣轉化為回饋的機制。

這樣的賠償不僅能讓罰款更重，也能徵收有意義的名譽罰款。企業將會認真維護自己的聲譽。這有充分理由：研究顯示，一家公司百分之二十五的市值取決於聲譽。德勤會計師事務所（Deloitte）二〇一三年的調查發現，聲譽受損是全球主要企業的三百位高層主管最擔憂的風險。

但正如卡波夫的研究，行賄的企業幾乎沒有聲譽風險。部份原因是他們幾乎只要付罰款。他們不必擔心其他後果，不必為傷害受到責罰，也不必對受害者負責。雖然自二〇〇四年以來，光在美國就有超過一百五十起《海外反腐敗法》案件已裁決或結案（涉及數十個國家與數億美元的賄款），但迄今為止，從來沒有一家涉案企業公開發表聲明，承認其賄賂活動造成的廣泛後果。財務和解，有效讓人們對賄賂的影響保持沉默。

目前的《海外反腐敗法》執行機制——包括罰款、案件私下和解的方式以及公開宣布的方式——只會加劇這種模式。司法部完成調查後，很少討論特定的賄賂案如何對個人、社區造成何種具體傷害，反而只聚焦在賄賂案對自由市場和公平競爭的影響。

這種做法只會破壞司法部自己制定的威嚇目標。聯邦調查局與司法部《海外反腐敗法》單位的官員都表示，希望公開強調以下觀點：賄賂不只是市場違法行為，也是一種在世界範圍內影響巨大的罪行。一位司法部高階官員說道：「這就是我們試著傳達的訊息……貪汙在很大的程度上助長了貪腐政權，由此產生的後果，即貪腐政權盲目地竊取國庫的資金，使得該國就無法建立維持生計的基礎設施，無法抵禦乾旱、洪水或風暴。」有位聯邦調查局官員接受採訪時表示，尤其是在阿拉伯之春後，該局相當擔心貪汙引發民眾強力反彈，也擔心賄賂如何與世界各地的政治不穩定聯繫在一起——而美國卻希望在這些地區支持貧弱與民主，或以其他方式維護國家安全利益。司法部能強化這個訊息，改變人們對賄賂的看法，要求違規企業公開承認其罪行會對公共、財政造成損害，從而有更好的威懾作用。

斯伯丁、奧拉亞等提倡者指出，在賄賂和解的過程中，應該要使企業行為者正式承認其行為造成的損害——甚至是企業本身造成的危害——而司法部本身能向公眾解釋特定賄賂行為的後果。這種承認會增強處罰的影響力，因為企業的名譽會受損，奧拉亞主張：「引人注目便能放大效果。這是社會的恥辱。」

斯伯丁解釋這個過程如何運作：就像在賄賂和解中的許多案例，司法部向企業處以降低的罰款，以換取更大的合作，但在那種情況下，需要有人為解決賄賂危害的社區服務計畫志願提供資金。這個計畫，可能涉及企業與特定國家的外部專家、政府官員，以及民間社會組織（如博塔基金會）的協商：首先，確定和記錄賄賂可能造成的損害，包括哪些社區受到影響；其次，公開承認損害並做出補償。這計畫的重要性在於，受賄賂影響的利害關係人與當事方在和解過程中有發言權。斯伯丁甚至建議，企業參與和解協議時，應同意寫一份關於賄賂活動的全面報告，除了與司法部「達成延期起訴協議中已公開的事實外，不進一步提供其他事實」。這份報告不僅能作為一種供認，未來還能使當地社區、政府與執法機關預防這類犯罪發生。

西門子的子公司由於在孟加拉行賄，而被判處五十萬美元的刑事罰款，西門子卻不曾承認以下事實：透過收買拉赫曼氏兄弟和哈克，該公司在財務上支持了一個公然無視法治、以暴力宰制政治的政權，並很可能支持了伊斯蘭極端主義。該公司本來能與孟加拉政府、當地社區組織合作，共同追蹤回扣的影響並且賠償（即變是象徵性的也好）來彌補損失。該公司本來能與國際專家、當地專家合作，建立一個組織（或以現有組織的明義）幫助貧困、或遭受恐怖主義侵害的家庭。不只在孟加拉國，西門子本來能對其行賄的各國賠償，並公開他們付出的努力。西門子除了支付八億美元罰款，還另外支付高達五億美元的賠款——總額十三億美元。這既有懲罰作用，亦有修復作用——但這仍不到西門子總市值的百分之二，他們絕對負擔得起。

一家企業如果願意坦承違法行為、並處理造成的損害，那將會成為二十一世紀企業社會責任的典範。

11

企業與政府的新標準

A NEW STANDARD

企業成功的要素為何？國家政策的價值如何定義？為了確保更美好的政治、商業、人民生活前景，我們必須將焦點放在哪裡？

《海外反腐敗法》執法的新時代已經影響全球的企業行為，其變化速度之快尤其值得注意。更有效將收取罰款（包含賠償），必能讓威懾作用更強而有力，並強化公眾對賄賂後果的認知。由於四十二個（除美國）簽署反賄賂公約的國家，在反賄賂執法的過往成效不佳，自然需要有更多行動。經合組織二〇一七年的一項分析指出，迄今為止，這四十二國之中有二十二國從未對海外賄賂實施單一制裁。企業行為者本身有責任從內部改變企業文化，在這方面發揮領導作用。

當然，企業界也已經在進行文化變革。就在十年前，企業對《海外反腐敗法》法遵方面的考量還很少——是否有一套合適的工具、保障措施和最佳做法，能協助避開、檢測舞弊的商業交易，涵蓋範圍從對第三方進行盡職調查，到培訓員工掌握反洗錢和反賄賂的基本知識。「直到二〇〇八年，我們連《海外反腐敗法》的英文拼不出來。沒有人可以。也就是說，如果你陷入麻煩，就是運氣不好。」法遵顧問公司「控制風險諮詢」（Control Risks）的克德爾（Kent Kedl）說道，他是大中華區、北亞區的高級合夥人。「不過，現今《海外反腐敗法》法遵已經是結構的一部份，而非一種選項」克德爾說：「企業願意接受一定程度的法遵與風險承受力。但『做或不做』二元選擇不復存在。」德勤會計師事務所二〇一五年對企業的調查顯示，有百分之五十九的受訪對象表示擁有首席法遵官（CCO），這個管理職位負責降低風險、並解決貪汙問題。結果高於二〇一三年的百分之三十七。有些公司甚至將法遵當成業務核心。西門子爆出賄賂醜聞後，將法遵部門的人數擴增到至少四百人，而此前只有少數幾人。沃爾瑪也發生類似的變化。二〇一二年，一篇獲普立茲獎的《紐約時報》報導，揭露沃爾瑪在墨西哥市場中的貪腐行為。沃爾瑪目前仍在接受司法部調查，已經花費將近五億美元的法律費用與其他調查費用，用於包括該公司被指控涉嫌在印度、其他國家的不道德作為。今日，沃爾瑪表示在全球有一百名「反貪腐員工」團隊，每一個都向全球反貪腐官員匯報工作。該公司還提供「反貪腐培訓」給有業務往來的一千三百多個第三方。更重要的是，沃爾瑪主動聘請外部專家團隊來進行革新，對高風險地區的第三方進行隨機審核，以驗證他們的做法合乎規定。

不過，沃爾瑪和西門子仍屬例外。二〇一六年，德勤會計師事務所調查約六百家公司，發現有百分之七十三的公司，全職法遵人員不到二十人。大多數公司（百分之五十九）的法遵預算低於五百萬美元。即使營收超過十億美元，也有百分之三十五的公司透露他們的法遵預算不到一百萬美元。

光是遵守《海外反腐敗法》或投入更多預算，也未必能加強道德規範。甚至有些公司在法遵方面投入（至少做出承諾）更多時間、金錢與人力守規定，卻仍然有賄賂行為。雷科夫（Jed S. Rakoff）是紐約南區的聯邦法官，在《紐約書評》（*New York Review of Books*）一篇文章中強調了輝瑞案。二〇〇二至二〇〇七年間，輝瑞與司法部簽訂了至少三項延期起訴協議；此前輝瑞涉嫌在美國行賄與非法銷售而受到調查。輝瑞在每一個案子上，為了避開起訴，同意實施更有效的法遵協議。但輝瑞的員工繼續違法，而且簽了這三項延期起訴協議之後，輝瑞才再度受到司法部與證交會的調查，這次是針對其海外賄賂行為。二〇一二年，輝瑞簽了第四個延期起訴協議，再次承諾會實施更有效的法遵協議。

二〇一二年，美國醫療設備製造商「生邁」（Biomet）支付一千七百萬美元罰款，並與司法部簽訂延期起訴協議，避開涉嫌在中國、巴西和阿根廷行賄的起訴。不過二〇一五年出現了新的指控，說生邁在巴西和墨西哥行賄，於是司法部將生邁的延期起訴協議期限延長。二〇一七年初，司法部發現生邁再度違反延期起訴協議條款，繼續在墨西哥和巴西行賄，並從中獲利超過五百萬美元。司法部對此開罰一千七百萬美元的刑事罰款，並下令生邁交出該五百萬美元利潤，但隨後又給了生邁另一個延期起訴協議。雷科夫法官說這些改革是「裝模作樣」確實有其道理。

根除全球企業賄賂，不單單需要加強法遵規範，還需要從根本上改變基企業營利價值觀和銷售觀念。

比斯特朗的職業生涯大部份都在從事賄賂活動。他認為，在海外市場做生意的企業應當調整銷售員的薪酬結構。「如果薪水有百分之六十取決於個人業績……那你在清廉指數較低的國家營運時，就會遇到問題……因為行為者最終可能會面臨報酬與貪汙之間的利益衝突。」比斯特朗說道，他目前為企業提供反賄賂法遵方面的諮詢。

比斯特朗認為，拒絕貪汙交易的銷售高層主管應該得到獎勵：「法遵必須透過深厚的道德觀念文化來實現，再加上獎勵計畫，用於獎勵適當的法律與道德行為。你以為這些沒有衝突——他們看到一些事，但什麼都沒做就走了。但他們不會拿百分之六十的薪水去冒險。他們知道，自己絕不會受到懲罰。」薪酬待遇應當優先考量銷售員對公司貢獻的整體價值，而價值也應考量到道德行為。包括禮來、葛蘭素史克在內的一些公司，已經調整薪酬結構，讓銷售員不再抽佣金，但目前還不清楚有多少家公司採取這種做法。

比斯特朗也認為公司不只需要改變**如何**獲利，還需要改變**何時**獲利。拒絕行賄可能會讓交易失敗，導致業績在短期內下降，但重點應放在長期目標：建立更好、更創新、更具競爭力的企業，用合乎道德的手段獲取利潤。比斯特朗認為，短期銷售虧損仍然比犯罪的成本高——賠上金錢和聲譽，他說：「也許你會失去一筆生意，但你不用面對之後可能有的一億美元罰款。」

進行如此根本性的制度改革，還必須向投資者解釋並證明合理性，但這檢視可能很困難。「你在重打自己的根基，」比斯特朗說補充：「我認為有一種銷售論點能跟他們說明，即長遠來看，將基礎建立在產品質量與價格競爭力的企業，會勝於建立在貪腐上的企業。」

即使初期會導致銷售額下降，反賄賂的堅定承諾是否能證明自我價值的提升，並轉化為更高的利潤？一些開創性的學術研究顯示，答案是肯定的。二〇一一年，哈佛商學院的塞拉菲姆（George Serafeim）和希利（Paul Healy）試圖找出問題的答案：避免行賄是否損害利潤？他們分析國際透明組織二〇〇七年對全球企業進行的調查數據，關注全球最大的兩百五十家企業，其中百分之二十五是美國企業。該調查要求企業揭露其反貪腐法遵計畫的細節，包括策略、政策和管理制度。國際透明組織隨後利用數據，為每家企業評等，反映出該企業拒絕行賄的承諾等級。希利和塞拉菲姆將這份企業評等，與企業在調查後三年內的銷售狀況進行對照。他們發現一種轉變，乍看之下可能會讓投資者沮喪：對反貪腐做出強烈承諾的企業，成長速度在貪汙程度高的地區較緩慢——這些企業的成長速度，事實上只有反貪腐承諾非常低的企業的一半。他們假設，做出強烈反貪腐承諾的公司「無法與當地公司或反貪腐標準較低的跨國公司有效競爭」。但希利和塞拉菲姆更仔細研究公司的利潤率之后，發現不同的面向：越願意行賄的企業，在高風險國家會有更高的增長沒錯，但利潤卻越低，全都體現於銷售報酬率和股東權益報酬率。透過賄賂，這些企業取得合約並拉高銷售，但長期看來，這些合約通常沒有穩健的利潤率。（企業透過賄賂贏得合約後，有時會遇到付款延遲、成本超支的情況，而且永遠得不到補償。）反之，在高風險國家高度投入反貪腐的企業「能夠在市場售量增加的狀況下，捍衛自身的利潤率與股東權益報酬率」。結論就是，以長期來說，避開賄賂實際上可以帶來更穩健的利潤。

當然，企業不僅能透過強勁的銷售，也能透過健康的企業文化來維持利潤率，讓每個員工（更別提消費者和投資者）參與其中。塞拉菲姆已經開始研究企業賄賂如何影響士氣。在最近的研究中，他檢視了兩百四十四家公司的調查數據，這些公司的海外賄賂行為皆被匿名舉報。他發現企業經理的看法是，賄賂事件的最大不良影響未必是企業股價（卡波夫也發現這一點），也未必是與其他公司的關係。最大的影響是員工的士氣：賄賂的企業會引發員工不滿，使企業的競爭力降低。塞拉菲姆寫道：「高昂的員工士氣，與高生產率、創造力和創新緊緊相連——這些都對公司的成長有重大影響。」毋庸置疑，這就是已退休的製藥業高層主管陳德昌的經歷。陳德昌在許多公司打滾了十多年，見證了賄賂如何讓一家公司的銷售部門與法遵團隊發生衝突，導致士氣委靡、效率低落。

到頭來，正如無數研究、書籍與觀察家的觀點，創新才是真正成功的企業基礎。按照這個標準，行賄的公司勢必走向失敗。幾百年來，企業確實利用回扣獲得競爭優勢，不顧回扣最終對企業的效率、聲譽和士氣造成多大損害，在全球範圍內引發政治動盪和社會失和。「其他人也這麼做」是無可避免的理由，但採取低效的行為（遑論悖德且破壞經濟的行為）來效仿競爭對手的壞榜樣，只會分散自身的創新能力。

世界上先進國家的企業，應當將反賄賂的創新觀念當成首要任務之一，而不僅僅是為了法遵規範。嶄新的銷售方式、嶄新的銷售團隊以及重置的薪酬結構，應列為二十一世紀企業創新的關鍵領域。真正具有創新精神的企業，不僅能開發尖端藥物，還能開發銷售這些藥物的頂尖方法。這種主張並非全然不合理，因為這會提高投資報酬率、競爭力、員工士氣以及企業聲譽，也因為這是能持續運作的正確做法——當今世界的最大紅利。

有多少企業高層主管有勇氣拒絕參與賄賂？經濟學家將此問題量化。在缺乏實證研究的情況下，我們只能從軼事尋找靈感。有一個很好的例子出自不太可靠的來源——川普政府本身。在《紐約客》的一篇文章中，記者菲爾金斯（Dexter Filkins）描述川普總統與當時的國務卿提勒森在二〇一七年二月的一次會議。文章描述川普開始抨擊《海外反腐敗法》與該法對美國企業的不公懲罰。提勒森插話表示不認同，然後向總統講述私人故事。提勒森說自己在擔任埃克森美孚執行長期間，如何與葉門政府官員會談生意——會談期間，葉門的石油部長遞給提勒森一張名片，背面寫著瑞士銀行的帳戶資訊。石油部長告訴提勒森：「五百萬美元。」這表示埃克森美孚如果想成交，就必須行賄。提勒森拒絕了。他向川普解釋：「我不做這種事。埃克森美孚不幹這種事。」提勒森說，假如葉門人想和埃克森美孚做生意，就得光明正大進行。葉門人最後同意了。「提勒森告訴川普，美國不需要行賄——我們能讓世界照我們的標準行事。」

◆

美國從成立之初，就打算成為世界上普遍貪汙規則的例外。開國元勛潘恩認為美國能扭轉經濟暴政，不會成為那種濫權之國——正如美國使用暴力將自己從那般濫權中隔離出來。史博爾金與普羅斯邁爾希望藉由《海外反腐敗法》達成類似的目標：在美國境內經營或從美國證券交易獲利的公司，將能促進海外的民主與自由制度。今天，在《海外反腐敗法》頒布約四十年後，美國由於有更大的國際合作機會和新一代的政治意願，比以往更加努力實現這個目標。

但是，遏止賄賂的戰爭也面臨極大的不確定性，受到美國總統的威脅——他不僅公開敵視這些努力，還可能讓那些罪行玷污他自己。特別檢察官穆勒是否能揭露川普及其家人、夥伴的腐敗行徑，仍有待觀察。我們在川普任期間所觀察到的，我們有充分理由相信，根除商業回扣的努力需要再加把勁，而不能退縮。

但對於世界上無數的國家來說，任何改變可能都無濟於事或已經太遲。數十億美元的黑錢已經讓他們付出沉重代價，自由、繁榮、國家財富甚至是公共衛生都長久來都處於危險之中。我們現在更明白，過去的回扣已大幅改變今日的世界，所以我們能有把握地推斷，現在的賄賂活動也會將大幅改造未來——可能會引發衝突，為後代子孫帶來災難。如杜爾弗所述，參與賄賂的企業或許認為小小的決策並不會造成傷害，但這些小小選擇累積起來，就會成為決定歷史的宏觀事件。海珊的叛亂受到資助後，導致中東伊斯蘭國崛起；儘管伊斯蘭國不能完全歸咎於企業賄賂（伊斯蘭國的形成是許多動態因素催生的高度複雜事件），但支付海珊的賄款就是這種動態的關鍵要素。

當然，賄賂的後果不一定都如此戲劇化，也不是這麼顯而易見；其引發的危機通常會隨著數年過去，在公眾逐漸不信任，政治意願被破壞之下逐漸平息。大約十五年前，阿爾卡特—朗訊公司在哥斯大黎加行賄，調查情況幾乎每天都是首都聖荷西的頭條新聞，但現在審判才剛剛開始。

至少，哥斯大黎加開始衡量損失。奈及利亞則是另一回事。涉及哈里伯頓子公司「凱洛格—布朗—魯特」的大規模賄賂醜聞，使奈及利亞陷入癱瘓狀態，在此類案件中屬於非常典型的例子。雖然美國法院的訴訟是基於可靠證據，至少牽連三位奈及利亞前總統與幾位高官，卻從未對他們提出任何指控。哈里伯頓案（奈及利亞人所用的簡稱）成了該國政治菁英是否願意面對高層貪汙的最大考驗。未能解決這種情況，已成為有罪不罰文化長期存在的重要原因之一，賄賂因此猖獗。莫傑德（Musikilu Mojeed）談到哈里伯頓案時說：「奈及利亞不願追究收賄者的責任，就像官方不想起訴賄賂和貪腐行徑一樣。」他是奈及利亞《優質時報》（*Premium Times*）在阿布加主編。「這就是奈及利亞年輕一代在未來會學到的東西：你可以偷錢，你可以收賄，而且什麼都不會發生。」

美國對這些罪行的懲治只能做到這麼多，因為正如我們所見，《海外反腐敗法》只對行賄企業有司法權，而無權審判收賄的官員。但由於美國與歐洲執法機關提起的刑事和民事訴訟越來越多，他們發現「哈里伯頓醜聞」時常就發生在世界各個角落。在巴西，檢察官正在解開一個龐大且不斷擴張的賄賂網，涉及國營石油公司「巴西石油」（Petrobras）——涉嫌收受回扣，並轉給了巴西前總統與該國情報機構的成員。在希臘，國會委員會提出指控，稱諾華給數十位公務員和一位前總理賄款，導致政治體系破裂。在以色列，檢察官對總理納坦尼雅胡（Benjamin Netanyahu）提出指控，宣稱他收受外國公司的賄款。宏都拉斯、哈薩克和南韓也發生類似的案件。

起訴受賄者所需的改革清單很長，過程漫長而艱鉅。至少需要提高公共開支的透明度，特別是招標部份；加強政府的監督和權力分配，讓各部門的部長無法全權負責公共合約；提高公務員的薪酬；為反貪腐機構提供更多資金；制定更嚴格的反賄賂法規；設立更獨立、資源更豐富的司法機構來執行這些法規。這些都需要專業技術、立法改革、財政資源，以及最重要的政治意願。如果離岸公司註冊和銀行業務中心的司法管轄區（例如英國，塞浦路斯，美國也越來越多）沒有更多策略性的監督，解決允許外國官員隱瞞賄款和洗錢的漏洞，那麼尼日利亞、希臘等國家所做的一切努力都可能是枉然。

沒有一個國家能單獨對抗全球的回扣系統；每個國家都有責任讓這些賄賂行為走入歷史。由於賄賂在本質上屬於一種權力系統，所以我們如何看待、控管與起訴賄賂，反映出我們自身的價值觀——自由民主社會的容忍限度，以及我們認定可接受的人類行為。回想一下珀西參議員在水門案之後，談到回扣風險時，曾說：「在這個世界上，我們實現目標的手段決定了往後我們生存的世界型態。」

一起來　0ZTK4017

黑錢

從慈善煙幕、空殼公司、破產起源、到商場禮數，自由市場是企業行賄的溫床？

Kickback: Exposing the Global Corporate Bribery Network

作　　者　大衛・蒙特羅（David Montero）
譯　　者　辛亞蓓
主　　編　林子揚
責任編輯　林杰蓉

總 編 輯　陳旭華 steve@bookrep.com.tw
出版單位　一起來出版／遠足文化事業股份有限公司
發　　行　遠足文化事業股份有限公司（讀書共和國出版集團）
　　　　　231 新北市新店區民權路 108-2 號 9 樓
電　　話　(02) 2218-1417
法律顧問　華洋法律事務所　蘇文生律師

封面設計　LIN
內頁排版　宸遠彩藝工作室
印　　製　成陽印刷股份有限公司
初版一刷　2019 年 11 月
二版一刷　2023 年 7 月
定　　價　450 元
I S B N　9786269660100（平裝）
　　　　　9786269660162（EPUB）
　　　　　9786269660179（PDF）

國家圖書館出版品預行編目 (CIP) 資料

黑錢：從慈善煙幕、空殼公司、採購暗盤、到商場禮數，自由市場是企業行賄的溫床？ / 大衛・蒙特羅（David Montero）著；辛亞蓓譯 . -- 二版 . -- 新北市：一起來出版：遠足文化事業股份有限公司發行 , 2023.07
352 面；14.8×21 公分 . --（一起來思；17）
譯自 : Kickback: exposing the global corporate bribery network
ISBN 978-626-96601-0-0(平裝)

1. 賄賂罪

585.24　　111014867